Buku Masakan Telur Telur Terbaik

Teknik Sempurna dan 100 Resipi Tidak Boleh Dilawan untuk Setiap Hidangan

John See

© HAK CIPTA 2024 SEMUA HAK TERPELIHARA

Dokumen ini ditujukan untuk menyediakan maklumat yang tepat dan boleh dipercayai mengenai topik dan isu yang diliputi. Penerbitan itu dijual dengan idea bahawa penerbit tidak perlu memberikan perkhidmatan perakaunan, dibenarkan secara rasmi atau sebaliknya perkhidmatan yang layak. Jika nasihat diperlukan, undang-undang atau profesional, individu yang diamalkan dalam profesion itu harus dipesan.

Sama sekali tidak sah untuk menghasilkan semula, menduplikasi, atau menghantar mana-mana bahagian dokumen ini sama ada dalam cara elektronik atau format bercetak. Merakam penerbitan ini adalah dilarang sama sekali, dan sebarang penyimpanan dokumen ini tidak dibenarkan melainkan dengan kebenaran bertulis daripada penerbit. Semua hak terpelihara.

Penafian Amaran, maklumat dalam buku ini adalah benar dan lengkap sepanjang pengetahuan kami. Semua cadangan dibuat tanpa jaminan di pihak pengarang atau penerbitan cerita. Penafian dan liabiliti pengarang dan penerbit berkaitan dengan penggunaan maklumat ini

Jadual Kandungan

PENGENALAN...8
RESEPI TEDIR..9
   1. Telur dadar paprika dengan herba........................9
   2. Daun bawang frittata...12
   3. Telur dadar dengan cendawan dan cheddar.......14
   4. Telur dadar keju dengan herba............................17
   5. Telur dadar tomato dan bacon dengan feta.......19
   6. Telur dadar millet dengan nektarin......................21
   7. Telur dadar dengan pasta dan sayur campur....23
   8. Telur dadar bayam dan keju dengan salmon.....26
   9. Telur dadar isi..28
   10. Telur dadar dengan zucchini................................30
   11. Telur dadar dengan salmon dan timun.............32
   12. Telur dadar cendawan dengan tomato.............34
   13. Ham dan frittata roket...36
   14. Zucchini kambing keju quiche.............................38
   15. Lada benggala dan tortilla kentang....................40
   16. Omelette Caprese...43
   17. Telur dadar Keto Keto..45
   18. Sarapan Telur Dadar...47
   19. Telur dadar keju dengan herba..........................49
   20. Telur dadar keju...51

21. Frittata dengan ham dan feta..................................53

22. Tortilla dengan bayam......................................55

23. Telur dadar dengan bawang dan buah zaitun................57

24. Tortilla kentang Sepanyol..................................59

25. Telur dadar berisi feta.....................................62

26. Salad couscous dengan strawberi..........................65

27. Telur dadar rumpai laut...................................68

28. Telur dadar dengan bayam dan asparagus..................70

29. Telur dadar daging...73

30. Zucchini dan lada tortilla..................................75

31. Telur dadar Itali dengan kacang............................77

32. Telur dadar kentang ala Sepanyol..........................79

33. Telur dadar keju...82

34. Telur dadar tomato dengan keju biri-biri..................84

35. Telur dadar dengan feta dan sayur-sayuran................86

36. Frittata dengan zucchini...................................89

37. Telur dadar dengan daun bawang dan bacon...............91

38. Telur dadar mangga..93

39. Lada benggala dan tortilla kentang........................95

40. Telur dadar dengan zucchini...............................98

41. Telur dadar dengan sayur-sayuran, crouton dan tauhu.100

42. Snek dengan ham dan telur dadar........................102

43. Telur dadar sayur...104

44. Telur dadar dengan Buah.................................106

45. Terung dadar..108

46. Telur dadar dengan tiram...110

47. Nasi dengan telur dadar, bacon dan chicory................112

48. Telur dadar dengan kacang dan ham..........................115

49. telur dadar roulade..118

50. Telur dadar babi..120

51. Nasi dan telur dadar daging......................................122

52. Telur dadar kembang kol..125

53. Telur dadar dengan ricotta dan keju Parmesan...........127

54. Telur dadar kentang..129

55. Telur dadar dengan keju dan kicap............................131

56. Roulade Turki, telur dadar dan bayam......................133

57. Telur dadar dengan bacon, kentang, dan asparagus....136

58. Telur dadar dengan crouton dan taugeh.....................139

59. Telur dadar dengan brokoli, ham dan crouton............141

60. Daging babi dengan telur dadar, nasi dan jagung.........143

61. Telur dadar Perancis..146

62. Telur dadar dengan kentang, asparagus, dan keju........148

63. Telur dadar dengan kentang, asparagus, dan keju........151

64. Tauhu telur dadar...154

65. Telur dadar daging lembu...156

66. Telur dadar dengan hati ayam...................................158

67. Telur dadar dengan udang dan cendawan...................160

68. Tortilla dengan telur dadar.......................................162

70. Telur dadar dengan salami dan bawang.................164

71. Telur dadar lembu..166

72. Telur dadar dengan keju dan brokoli...................168

73. Telur dadar dalam roti dengan bacon dan herba..........170

74. telur dadar dengan morel dan bayam.................172

75. telur dadar dengan udang dan cendawan...........174

76. Telur dadar Maghribi..177

77. Telur dadar keju kambing dengan selasih...........179

78. Telur dadar bawang putih liar..............................181

79. Telur dadar ham dan keju...................................183

80. Telur dadar kotej...185

81. Telur dadar kentang dengan keju.......................187

82. telur dadar dengan chanterelles.........................189

83. Telur dadar dengan udang..................................192

84. Telur dadar berisi feta...194

85. Telur Dadar Dengan Buah-buahan.....................197

86. Telur dadar spageti...199

87. Telur dadar herba..201

88. Kebun telur dadar segar.....................................203

89. Roti bakar alpukat dan telur dadar.....................206

90. Telur dadar Zucchini dengan herba....................209

91. Roti bijirin penuh dengan telur dadar dan kacang panggang..211

92. Asparagus dan telur dadar ham dengan kentang dan pasli 213

93. Telur dadar keju kambing dengan arugula dan tomato.216

94. Telur dadar keju dengan herba...................................218

95. Telur dadar tuna..220

96. Telur dadar dengan meatloaf......................................222

97. Telur dadar yang sihat..224

98. Telur dadar pizza..226

99. Telur dadar epal dan bacon.......................................228

100. Telur dadar vegan...230

KESIMPULAN..232

PENGENALAN

Siapa tahu bahawa sesuatu yang mudah seperti telur dadar boleh membuka pintu kepada kreativiti masakan yang tidak berkesudahan? Sama ada anda seorang pemula di dapur atau tukang masak rumah yang berpengalaman, telur dadar ialah kanvas yang sesuai untuk meneroka rasa, tekstur dan bahan.

Panduan ini direka untuk membawa anda daripada asas memecahkan telur kepada penguasaan mencipta telur dadar berkualiti restoran di dapur anda sendiri. Daripada telur dadar gaya Perancis klasik kepada ciptaan sumbat yang lazat, anda akan temui resipi yang sesuai dengan setiap citarasa dan majlis.

Temui petua untuk mencapai flip yang sempurna, helah untuk tekstur yang ringan dan gebu serta idea untuk kombinasi pengisian yang tidak berkesudahan yang akan meningkatkan hidangan sederhana ini ke tahap yang baharu. Sarapan pagi, makan tengah hari, makan malam atau snek tengah malam—selalu ada telur dadar menunggu untuk dibuat.

Mari kita cecah dan cetuskan beberapa ciptaan sel telur bersama-sama!

RESEPI TEDIR

1. Telur dadar paprika dengan herba

- Penyediaan: 10 min
- memasak dalam 20 min
- hidangan 2

bahan-bahan

- 4 biji telur
- garam
- lada
- 2 genggam herba campuran (cth, basil, pasli, thyme, dill)

- 100 g kacang ayam (gelas; berat toskan)
- 1 lada merah atau lada hijau
- 1 lada kuning
- 2 sudu besar minyak zaitun
- 75 g pecorino atau keju keras lain

Langkah penyediaan

1. Pukul telur, perasakan dengan garam dan lada sulah dan pukul sebati. Basuh herba, goncang kering dan potong separuh. Masukkan herba cincang ke dalam adunan telur.
2. Toskan kacang ayam, bilas dan toskan dengan baik. Bersihkan, basuh, belah dua dan potong lada menjadi jalur. Panaskan 1 sudu besar minyak zaitun dalam kuali, masukkan kacang ayam dan jalur paprika dan goreng dengan api sederhana selama 3-5 minit, putar. Garam dan lada sulah dan ketepikan. Parut pecorino dengan halus.
3. Panaskan ½ sudu besar minyak zaitun dalam kuali kecil yang lain. Masukkan separuh adunan telur dan tutup seluruh bahagian bawah kuali. Tutup dan biarkan berdiri di atas api perlahan selama kira-kira 5-7 minit. Letakkan separuh daripada sayur-sayuran dan separuh daripada keju pada satu sisi

telur dadar. Masukkan telur dadar dan letak di atas pinggan. Lakukan perkara yang sama untuk omelet kedua.

4. Petik kasar baki herba dan edarkan pada telur dadar. Hidangkan segera.

2. Daun bawang frittata

- Penyediaan: 15 minit
- memasak dalam 25 min
- hidangan 4

bahan

- ½ biji bawang besar
- 1 genggam herba segar (cth dill, pasli, ketumbar)
- 2 sudu besar minyak zaitun
- 8 biji telur
- 50 ml krim putar
- 20 g parmesan (1 keping)
- garam

- lada
- 50 g arugula

Langkah penyediaan

1. Bersihkan dan basuh bawang besar dan potong ke dalam jalur pepenjuru. Basuh herba, goncang kering, petik dan cincang kasar.
2. Panaskan minyak dalam kuali besar tidak melekat (atau dua kuali kecil) dan tumis bawang besar dalam 3-4 minit sehingga lut sinar. Parut parmesan dengan halus. Pukul telur dengan krim, herba dan parmesan. Perasakan dengan garam dan lada sulah. Tuangkan ke atas daun bawang, gaul sebentar dan biarkan di atas api perlahan selama lebih kurang. 10 minit (jangan kacau lagi). Apabila bahagian bawah sudah keperangan, potong kepada 4 bahagian menggunakan spatula. Bakar di bahagian kedua selama 2-3 minit sehingga perang keemasan.
3. Basuh roket dan goncang hingga kering. Hidangkan frittata di atasnya dengan roket dan tabur parmesan jika anda suka.

3. Telur dadar dengan cendawan dan cheddar

- Penyediaan: 25 min
- hidangan 4

bahan-bahan

- 300 g cendawan coklat
- 1 biji bawang merah
- 2 sudu besar minyak zaitun
- garam
- lada
- 8 biji telur
- 100 ml susu (3.5% lemak)
- 1 secubit serbuk kunyit
- 90 keju cheddar (3 keping)
- 10 g chervil (0.5 tandan)

Langkah penyediaan

1. Bersihkan cendawan dan potong menjadi kepingan. Kupas dan potong dadu bawang merah. Panaskan 1 sudu besar minyak zaitun dalam kuali. Masukkan cendawan dan bawang merah dan tumis selama 3-4 minit dengan api sederhana. Perasakan dengan garam dan lada sulah, keluarkan dari kuali dan ketepikan.
2. Pukul telur dengan susu. Perasakan dengan 1 secubit kunyit, garam dan lada sulah. Sapu kuali bersalut dengan sedikit minyak, masukkan 1/4 adunan telur dan putar untuk mengagihkannya secara sekata. Teratas dengan 1/4 daripada cendawan goreng. Masak telur dadar dengan api sederhana selama 2-3 minit dan biarkan ia berwarna perang sedikit.
3. Petik 1/4 cheddar menjadi kepingan, tutup telur dadar dengannya, slaid keluar dari kuali dan simpan dalam ketuhar yang telah dipanaskan pada suhu 80 ° C. Dengan menggunakan baki campuran telur, baki cendawan dan cheddar, bakar 3 lebih banyak telur dadar dengan cara yang sama dan pastikan ia hangat.

4. Basuh chervil, goncang kering dan petik daun. Hiaskan telur dadar dengan petua lada dan chervil dan hidangkan.

4. Telur dadar keju dengan herba

- Penyediaan: 5 min
- memasak dalam 20 min
- hidangan 4

bahan-bahan

- 3 batang chervil
- 3 batang selasih

- 20 g parmesan
- 1 biji bawang merah
- 8 biji telur
- 2 sudu besar keju creme fraiche
- 1 sudu besar mentega
- 150 g keju biri-biri
- garam
- lada

Langkah penyediaan

1. Basuh chervil dan basil, goncang kering dan cincang kasar. Parut parmesan. Kupas dan potong dadu bawang merah. Pukul telur dengan crème fraiche, parmesan, chervil dan separuh daripada basil.
2. Cairkan mentega dalam kuali kalis ketuhar, goreng bawang merah di dalamnya, tuangkan telur dan hancurkan feta di atasnya. Bakar dalam ketuhar yang telah dipanaskan pada 200 ° selama kira-kira 10 minit sehingga perang keemasan.
3. Keluarkan dari ketuhar, perasakan dengan garam, lada sulah dan hidangkan ditaburkan dengan baki selasih.

5. Telur dadar tomato dan bacon dengan feta

- Penyediaan: 15 minit
- hidangan 2

bahan-bahan

- 8 biji tomato ceri
- 1 biji cili merah
- 50 g daging sarapan yang dihiris nipis
- 5 biji telur
- 100 ml susu tanpa laktosa 1.5% lemak
- garam
- lada

- 100 g keju gembala
- 2 sudu kecil mentega
- 1 genggam selasih

Langkah penyediaan

1. Basuh dan belah tomato. Basuh cili, potong separuh, inti dan potong menjadi jalur yang sangat sempit. Potong bacon ke dalam jalur kira-kira 4 cm lebar. Pukul telur dengan susu, perasakan dengan garam dan lada sulah. Tepuk keju herder kering dan potong kiub.
2. Goreng separuh daripada bacon dalam kuali tidak melekat, kemudian tambah 1 sudu teh mentega dan cair. Tuangkan separuh daripada adunan telur ke atasnya dan, semasa ia masih lembut, masukkan separuh daripada tomato dan jalur cili. Taburkan dengan separuh jumlah keju dan selasih dan biarkan telur set.
3. Luncurkan telur dadar ke atas pinggan dan hidangkan.
4. Proseskan bahan-bahan yang tinggal menjadi omelet kedua.

6. Telur dadar millet dengan nektarin

- Penyediaan: 20 min
- memasak dalam 40 min
- hidangan 2

bahan-bahan

- 40 g millet
- 2 biji telur (m)
- 10 g gula tebu keseluruhan (2 sudu teh)
- 1 secubit garam
- 150 g yogurt vanila (3.5% lemak)
- 2 sudu besar pulpa pic
- 250 g nektarin (2 nektarin)
- 2 sudu kecil minyak bunga matahari

Langkah penyediaan

1. Didihkan 75 ml air, taburkan dalam bijirin dan kacau. Kecilkan api serta-merta dan masak bijirin yang ditutup dengan api paling rendah selama 7 minit, kacau dengan teliti beberapa kali. Keluarkan periuk dari api dan tutup bijirin selama 12 minit lagi. Biarkan sejuk.
2. Masukkan telur, gula dan secubit garam ke dalam mangkuk dan pukul dengan whisk. Kacau dalam millet yang telah disejukkan.
3. Masukkan yogurt vanila dan pulpa pic dalam mangkuk dan kacau sehingga rata.
4. Basuh nektarin, gosok hingga kering, potong dua dan batu. Potong pulpa menjadi kepingan nipis.
5. Panaskan minyak dalam kuali bersalut. Tuangkan doh millet dan bakar selama kira-kira 4 minit dengan api sederhana. Putar telur dadar dan bakar sebelah lagi selama 4-5 minit sehingga perang keemasan.
6. Susun telur dadar millet dengan yogurt pic dan hirisan nektarin dan hidangkan.

7. Telur dadar dengan pasta dan sayur campur

- Penyediaan: 30 min
- masak dalam 1 jam
- hidangan 4

bahan-bahan

- 150 g kacang polong beku
- 1 biji paprika merah
- 150 g jagung (berat kering; makanan dalam tin)
- 350 g penne bijirin penuh
- garam

- 1 biji bawang merah
- 1 ulas bawang putih
- minyak zaitun
- 20 g parmesan (1 keping)
- 5 g pasli (0.25 tandan)
- 100 ml susu (3.5% lemak)
- 50 ml krim putar

Langkah penyediaan

1. Cairkan kacang polong. Basuh lada, potong separuh, keluarkan biji dan dinding dalaman putih dan potong menjadi jalur kecil yang sempit. Tuangkan jagung ke dalam ayak, bilas di bawah air sejuk dan toskan dengan baik.
2. Masak pasta dalam air masin mendidih mengikut arahan pada bungkusan, toskannya, bilas dengan air sejuk dan toskan dengan baik.
3. Kupas dan cincang halus bawang merah dan bawang putih. Panaskan 2 sudu besar minyak dalam kuali yang tinggi dan kalis ketuhar dan tumis bawang merah dan bawang putih di dalamnya dengan api sederhana sehingga lut sinar. Masukkan sayur, tumis sebentar dan campurkan pasta. Parut parmesan dengan halus. Basuh pasli, goncang kering dan potong

kasar. Pukul telur dengan susu, krim dan keju, perasakan dengan garam dan lada, campurkan pasli dan tuangkan ke atas campuran pasta. Biarkan seketika dan bakar dalam ketuhar yang telah dipanaskan pada 200 ° C selama 10-15 minit hingga tamat. Angkat, keluarkan dan hidangkan dipotong-potong.

8. Telur dadar bayam dan keju dengan salmon

- Penyediaan: 20 min
- memasak dalam 45 min
- hidangan 2

bahan-bahan

- 1 biji bawang besar
- 200 g fillet salmon
- 200 g mozzarella
- 200 g bayam
- 5 biji telur
- 2 sudu besar susu
- 1 sudu kecil mentega
- garam
- lada

Langkah penyediaan

1. Kupas bawang dan potong menjadi kepingan halus. Basuh salmon, keringkan dan potong atau potong dadu. Potong mozzarella menjadi kepingan. Basuh bayam dan goncang hingga kering.
2. Pukul telur dan susu dalam mangkuk. Panaskan mentega dalam kuali kalis ketuhar dan tumis bawang dengan api sederhana selama 2 minit. Tuangkan telur, perasakan dengan garam dan lada sulah dan atas dengan bayam, salmon dan mozzarella.
3. Bakar semuanya dalam ketuhar yang telah dipanaskan pada suhu 180 ° C selama kira-kira 20-25 minit, sehingga telur masak dan adunan menjadi padat.

9. Telur dadar isi

- Penyediaan: 20 min
- memasak dalam 35 min
- hidangan 4

bahan-bahan

- 40 g roket (1 genggam)
- 300 g tomato ceri
- 10 g daun kucai (0.5 tandan)
- 8 biji telur
- 4 sudu besar air mineral berkarbonat
- garam
- lada
- Buah pala

- 4 sudu kecil minyak bunga matahari
- 150 g keju krim berbutir

Langkah penyediaan

1. Basuh roket dan putar hingga kering. Basuh tomato dan potong separuh. Basuh daun kucai, goncang kering dan potong gulung.
2. Pukul telur dengan air dan daun kucai dan perasakan dengan garam, lada sulah dan buah pala yang baru diparut.
3. Panaskan 1 sudu teh minyak bunga matahari dalam kuali tidak melekat dan masukkan 1/4 daripada susu telur. Goreng selama 2 minit dengan api sederhana, putar dan masak dalam 2 minit lagi. Keluarkan dan panaskan dalam ketuhar yang telah dipanaskan pada suhu 80 ° C. Bakar 3 lagi telur dadar dengan cara ini.
4. Letakkan telur dadar di atas 4 pinggan dan isi dengan keju krim, tomato dan roket. Perasakan dengan garam dan lada sulah dan pukul.

10. Telur dadar dengan zucchini

- Penyediaan: 25 min
- hidangan 4

bahan-bahan

- 10 biji telur
- 50 ml minuman oat (susu oat)
- 2 sudu besar selasih yang baru dipotong
- garam
- lada
- 2 biji zucchini
- 250 g tomato ceri

- 2 sudu besar minyak zaitun

Langkah penyediaan

1. Pukul telur bersama minuman oat dan selasih. Perasakan dengan garam dan lada sulah.
2. Basuh, bersihkan dan potong zucchini menjadi kepingan. Basuh dan belah tomato. Campurkan sayur-sayuran hingga rata, perasakan dengan garam, lada sulah dan tumis 1/4 minit setiap satu dalam sedikit minyak panas. Tuangkan 1/4 daripada telur ke atas setiap satu, campurkan dan goreng selama 4-5 minit sehingga perang keemasan dan biarkan set. Bakar kesemua 4 telur dadar dengan cara ini dan hidangkan.

11. Telur dadar dengan salmon dan timun

- Penyediaan: 10 min
- memasak dalam 22 min
- hidangan 4

bahan-bahan

- 120 g hirisan salmon salai
- ½ timun
- 3 batang pasli
- 10 biji telur
- 50 ml krim putar
- garam
- lada

- 4 sudu kecil minyak rapeseed

Langkah penyediaan

1. Potong salmon menjadi jalur. Basuh, bersihkan dan potong timun. Basuh pasli, goncang kering dan potong halus.
2. Pukul telur dengan krim dan 2 sudu besar pasli. Perasakan dengan garam dan lada sulah.
3. Tuangkan 1 sudu teh minyak ke dalam kuali panas bersalut. Tuangkan 1/4 bahagian telur dan biarkan ia perlahan selama 2-3 minit dengan api sederhana. Lipat dan letakkan di atas pinggan dengan beberapa hirisan timun.
4. Bakar keempat-empat telur dadar dengan cara ini, tutup dengan salmon dan hidangkan ditaburkan dengan pasli yang tinggal.

12. Telur dadar cendawan dengan tomato

- Penyediaan: 20 min
- hidangan 4

bahan-bahan

- 1 biji bawang besar
- 100 g cendawan
- 1 biji tomato kecil
- 1 sudu besar minyak biji sesawi
- garam
- lada
- 1 biji telur (saiz L)
- 1 sudu besar air mineral berkarbonat
- 45 g roti bakar bijirin penuh (1.5 keping)

Langkah penyediaan

1. Basuh dan bersihkan daun bawang dan potong menjadi cincin halus. Bersihkan cendawan, bersihkan dengan berus dan potong menjadi kepingan.
2. Basuh tomato, buang tangkai dan potong ke dalam kepingan.
3. Panaskan minyak dalam kuali bersalut. Goreng bawang besar dan cendawan di dalamnya dengan api sederhana. Garam dan lada sulah dan teruskan goreng selama 3-4 minit, putar dengan kerap di atas api sederhana.
4. Masukkan telur dengan secubit garam dan air mineral ke dalam mangkuk kecil dan pukul dengan pemukul.
5. Tuangkan telur yang telah dipukul ke atas sayur-sayuran dalam kuali dan tetapkannya selama 3-4 minit.
6. Sementara itu, bakar roti dan atas dengan hirisan tomato. Luncurkan telur dadar dari kuali ke atas roti dan hidangkan.

13. Ham dan frittata roket

- Penyediaan: 20 min
- memasak dalam 35 min
- hidangan 4

bahan-bahan

- 90 g ham mentah (6 keping)
- 80 g roket (1 tandan)
- 20 g parmesan (1 keping)
- 10 biji telur
- 200 ml susu (1.5% lemak)
- garam
- lada
- 50 g krim masam
- 5 g mentega (1 sudu teh)

Langkah penyediaan

1. Seperempat hirisan ham. Basuh roket dan putar hingga kering. Parut parmesan dan ketepikan 1 sudu teh.
2. Pukul telur dengan susu dan perasakan dengan garam dan lada sulah. Masukkan krim masam dan parmesan.
3. Panaskan mentega dalam kuali kalis ketuhar yang besar. Masukkan 1/3 daripada adunan telur dan tutup dengan separuh daripada ham dan roket. Letakkan lagi 1/3 adunan telur di atas, tutup dengan baki ham dan roket dan selesaikan dengan baki adunan telur.
4. Biarkan frittata berdiri dalam ketuhar yang telah dipanaskan pada 200 °C selama kira-kira 12-15 minit.
5. Potong frittata menjadi kepingan, bahagikan pada 4 pinggan dan taburkan dengan baki parmesan yang anda ketepikan.

14. Zucchini kambing keju quiche

- Penyediaan: 30 min
- memasak dalam 50 min
- hidangan 4

bahan-bahan

- 2 biji zucchini
- 8 biji telur
- 150 ml krim putar sekurang-kurangnya 30% kandungan lemak
- garam
- Lada dari kilang

- Buah pala
- 2 sudu besar minyak zaitun
- 1 ulas bawang putih
- 150 g gulung keju kambing

Langkah penyediaan

1. Panaskan ketuhar hingga 200 ° C api atas dan bawah. Basuh dan bersihkan zucchini dan potong ke dalam kepingan nipis. Pukul telur dengan krim dan perasakan dengan garam, lada sulah dan buah pala.
2. Panaskan minyak dalam kuali dan goreng hirisan zucchini, pusing sekali-sekala. Kupas dan perah bawang putih. Tuangkan krim telur, ratakan dan biarkan seketika.
3. Belah separuh keju kambing memanjang dan potong nipis. Sapukan ini pada frittata dan bakar dalam ketuhar yang telah dipanaskan selama kira-kira 10 minit sehingga perang keemasan. Hidangkan potong-potong.

15. Lada benggala dan tortilla kentang

- Penyediaan: 30 min
- memasak dalam 45 min
- hidangan 4

bahan-bahan

- 700 g kentang tepung
- garam
- 1 lada merah
- 2 biji tomato
- 1 biji bawang
- 1 ulas bawang putih
- 2 sudu besar minyak zaitun

- lada
- 8 biji telur
- 4 sudu besar susu (1.5% lemak)
- 2 dahan thyme
- 20 g parmesan (1 keping)

Langkah penyediaan

1. Basuh kentang dan masak dalam air mendidih masin selama kira-kira 20 minit.
2. Sementara itu, basuh dan bersihkan lada dan potong menjadi jalur. Basuh tomato dan potong ke dalam kepingan. Kupas bawang merah dan bawang putih dan potong halus.
3. Toskan ubi kentang, biarkan ia menguap, kupas dan potong bersaiz gigitan.
4. Panaskan minyak zaitun dalam kuali kalis ketuhar. Goreng kiub kentang di dalamnya dengan api sederhana selama kira-kira 5 minit, kacau sekali-sekala. Masukkan paprika, bawang besar dan bawang putih, perasakan dengan garam dan lada dan goreng selama 2 minit lagi. Kacau dengan teliti dalam baji tomato.
5. Pukul telur dan susu, perasakan dengan garam, lada sulah dan tuangkan ke dalam kuali. Sapukan susu telur secara rata dengan

memusing dan sengetkan kuali sedikit dan biarkan ia mengeras selama 2 minit. Bakar dalam ketuhar yang telah dipanaskan pada 180 ° C selama kira-kira 15 minit.

6. Sementara itu, basuh thyme, goncang kering dan petik daunnya. Potong parmesan. Taburkan kedua-duanya di atas tortilla.

16. Omelette Caprese

- Jumlah Masa: 5minit
- Hidangan 2

bahan-bahan

- 2 sudu besar minyak zaitun
- Enam biji telur
- 100g tomato ceri, potong dua atau tomato potong
- 1 sudu besar selasih segar atau selasih kering
- 150g (325 ml) keju mozzarella segar

- garam dan lada sulah

Persediaan

1. Untuk mengadun, pecahkan telur dalam mangkuk dan masukkan garam secukup rasa dan lada hitam. Dengan garfu, pukul sebati sehingga semuanya sebati.
2. Masukkan basil, kemudian kacau. Potong separuh atau hirisan tomato. Potong keju atau potong. Dalam kuali besar, panaskan minyak.
3. Selama beberapa minit, goreng tomato. Tuangkan ke atas tomato bersama adunan telur tadi. Tunggu dan masukkan keju sehingga ia menjadi sedikit pejal. Kecilkan api dan biarkan telur dadar mengeras. Hidangkan segera, dan nikmatilah!

17. Telur dadar Keto Keto

- Jumlah masa: 15 minit,
- Hidangan 2

bahan-bahan

- 75 g mentega
- Enam biji telur
- 200 g keju cheddar yang dicincang
- Garam dan lada hitam dikisar secukup rasa

Persediaan

1. Pukul telur hingga lembut dan sedikit berbuih. Masukkan separuh keju cheddar

parut dan gaul. Garam dan lada sulah secukup rasa.

2. Cairkan mentega dalam kuali panas. Tuangkan adunan telur dan biarkan selama beberapa minit. Perlahankan api dan teruskan masak sehingga adunan telur hampir masak.
3. Masukkan baki keju parut. Lipat dan hidangkan segera. Rasa ciptaan anda dengan herba, sayur-sayuran cincang, atau juga sos Mexico.
4. Dan jangan teragak-agak untuk memasak tortilla dengan minyak zaitun atau minyak kelapa untuk mempunyai profil rasa yang berbeza.

18. Sarapan Telur Dadar

- Jumlah Masa: 10,
- Hidangan: 2

bahan-bahan:

- 2 biji telur
- 3 biji putih telur
- 1 sudu besar air
- 1/2 sudu teh minyak zaitun
- 1/4 sudu teh garam
- ¼ sudu teh lada tanah

Penyediaan:

1. Pukul telur, putih telur, garam, lada sulah, dan air dalam mangkuk sehingga berbuih.
2. Panaskan separuh minyak dalam kuali dengan api sederhana. Tuang separuh adunan telur tadi.
3. Masak selama beberapa minit, sambil mengangkat tepi menggunakan spatula sekali-sekala. Lipat menjadi separuh.
4. Kecilkan api dan teruskan memasak selama seminit. Ulangi proses untuk baki adunan telur.

19. Telur dadar keju dengan herba

- jumlah masa 20 minit,
- hidangan 4

bahan-bahan

- 3 batang chervil
- 3 batang selasih
- 20 g parmesan
- 1 biji bawang merah
- 8 biji telur
- 2 sudu besar keju creme fraiche
- 1 sudu besar mentega
- 150 g keju biri-biri

- garam
- lada

Langkah penyediaan

1. Basuh chervil dan basil, goncang kering dan potong kasar. Parut parmesan. Kupas dan potong dadu bawang merah.
2. Pukul telur dengan crème fraiche, parmesan, chervil dan separuh daripada basil. Cairkan mentega dalam kuali kalis ketuhar, goreng bawang merah di dalamnya, tuangkan telur dan hancurkan feta di atasnya.
3. Bakar dalam ketuhar yang telah dipanaskan pada 200 ° C selama kira-kira 10 minit sehingga perang keemasan. Keluarkan dari ketuhar, perasakan dengan garam, lada sulah dan hidangkan ditaburkan dengan baki selasih.

20. Telur dadar keju

- Jumlah masa 30 minit,
- berkhidmat 4

bahan-bahan

- 10 biji telur
- 50 ml krim putar
- 100 g Emmentaler parut
- garam
- lada putih
- 250 g gorgonzola
- 4 sudu besar minyak sayuran

Langkah penyediaan

1. Pukul telur dengan krim dan Emmentaler. Perasakan dengan sedikit garam dan lada sulah.
2. Potong Gorgonzola dan ketepikan. Panaskan 1 sudu besar minyak dalam kuali dan masukkan lebih kurang 1/4 adunan telur tadi.
3. Biarkan ia ditetapkan pada suhu rendah selama 2 minit, kemudian letakkan 1/4 daripada Gorgonzola di tengah dan lipat telur dadar di sebelah kanan dan kiri.
4. Goreng selama 2 minit lagi, sehingga Gorgonzola cair dan telur dadar berwarna perang keemasan. Bakar kesemua 4 telur dadar seperti ini dan hidangkan.

21. Frittata dengan ham dan feta

- Penyediaan: 20 min
- memasak dalam 34 min
- hidangan 4

bahan-bahan

- 8 biji telur
- 600 g
- kentang rebus
- 1 batang daun bawang
- 100 g ham masak
- 1 lada merah
- 75 g pecorino parut
- garam

- Lada dari kilang
- 2 sudu besar minyak zaitun

Langkah penyediaan

1. Panaskan ketuhar hingga 180 °C ketuhar kipas.
2. Pukul telur. Kupas kentang dan potong kiub kecil. Basuh dan bersihkan daun bawang dan potong cincin halus. Potong ham ke dalam jalur halus. Basuh, belah dua, inti dan potong dadu lada. Campurkan telur dengan pecorino, kentang, daun bawang, lada benggala dan ham. Perasakan dengan garam dan lada sulah. Panaskan minyak dalam kuali kalis ketuhar, masukkan adunan telur, goreng selama 1-2 minit dan bakar dalam ketuhar selama lebih kurang 12 minit sehingga perang keemasan.

22. Tortilla dengan bayam

- Penyediaan: 25 min
- memasak dalam 40 min
- hidangan 4

bahan-bahan

- 350 g daun bayam
- garam
- 1 lada merah
- 1 biji bawang merah
- 2 ulas bawang putih
- 50 g biji badam
- 5 biji telur
- 100 ml air mineral
- lada

- Buah pala
- 15 ghee (mentega jelas; 1 sudu besar)

Langkah penyediaan

1. Basuh bayam, putar kering, rebus dalam air masin mendidih selama 1 minit. Tuangkan, padamkan dengan sejuk, nyatakan dengan baik.
2. Basuh, bersihkan dan potong dadu lada benggala.
3. Kupas bawang merah dan bawang putih dan potong halus. Potong kasar badam.
4. Pukul telur dengan air mineral, perasakan dengan garam, lada sulah dan buah pala yang baru diparut.
5. Cairkan minyak sapi dalam kuali yang tinggi dan kalis ketuhar. Tumis bawang merah dan bawang putih di dalamnya dengan api sederhana selama 1-2 minit sehingga lut sinar. Masukkan paprika dan bayam dan tuangkan adunan telur ke atasnya. Masukkan badam dan biarkan selama 2 minit.
6. Bakar tortilla dalam ketuhar yang telah dipanaskan pada 200 ° C selama 10-15 minit sehingga perang keemasan.
7. Angkat dan hidangkan dipotong-potong.

23. Telur dadar dengan bawang dan buah zaitun

- Penyediaan: 20 min
- hidangan 4

bahan-bahan

- 5 biji telur besar
- 5 sudu besar susu
- garam
- lada yang baru dikisar
- 2 sudu besar parmesan parut
- 2 sudu besar basil cincang

- 4 sudu besar buah zaitun yang dicincang halus
- 1 biji bawang merah
- 2 sudu besar minyak zaitun

Langkah penyediaan

1. Campurkan telur dengan susu, garam, lada sulah, parmesan dan selasih. Kupas bawang dan potong menjadi jalur halus.
2. Panaskan minyak zaitun perlahan-lahan dalam kuali besar. Goreng perlahan-lahan bawang dan buah zaitun di dalamnya. Garam dan lada sulah. Tuangkan telur dan edarkan sama rata dalam kuali. Biarkan ia mendidih dengan api sederhana. Putar telur dadar dan biarkan bahagian sebelah lagi set juga. Hidangkan dalam bentuk gulung dan suam-suam kuku.

24. Tortilla kentang Sepanyol

- Penyediaan: 45 min
- hidangan 6

bahan-bahan

- 800 g terutamanya kentang berlilin
- 2 biji bawang besar
- 1 ulas bawang putih
- 3 sudu besar kacang pea (beku)
- 8 biji telur
- garam
- lada cayenne

- minyak sayuran untuk menggoreng

Langkah penyediaan

1. Kupas kentang dan potong menjadi kepingan setebal 3 mm. Bersihkan dan basuh bawang besar dan potong menjadi cincin serong dengan hijau halus. Kupas bawang putih dan potong menjadi jalur halus.
2. Dalam kuali kalis ketuhar dengan rim tinggi, panaskan minyak hingga ketinggian 2-3 cm. Ia cukup panas apabila gelembung timbul dari pemegang sudu kayu yang anda pegang di dalamnya.
3. Gosok kentang dengan tuala dapur dan letakkan dalam minyak panas. Goreng dengan api sederhana selama 7-8 minit, putar sekali-sekala.
4. Sementara itu, pukul telur perlahan-lahan dalam mangkuk besar, tetapi jangan pukul sehingga berbuih, dan perasakan dengan secubit garam dan lada cayenne setiap satu.
5. Masukkan bawang besar dan, jika anda suka, bawang putih ke dalam kentang dan goreng selama 2 minit. Toskan kentang melalui ayak, kumpulkan minyak (ia boleh digunakan

semula), toskan dengan baik dan perasakan dengan garam.

6. Panaskan 2 sudu besar minyak yang dikumpul di dalam kuali. Campurkan kentang dan kacang dengan telur yang telah dipukul, tuangkan adunan ke dalam minyak panas, dan goreng dengan api yang tinggi selama 2 minit. Keluarkan dari api, tutup dengan aluminium foil dan masak dalam ketuhar yang telah dipanaskan pada 200 ° C selama lebih kurang. 25-30 minit, sehingga seluruh telur menjadi conched.

7. Hidangkan panas.

25. Telur dadar berisi feta

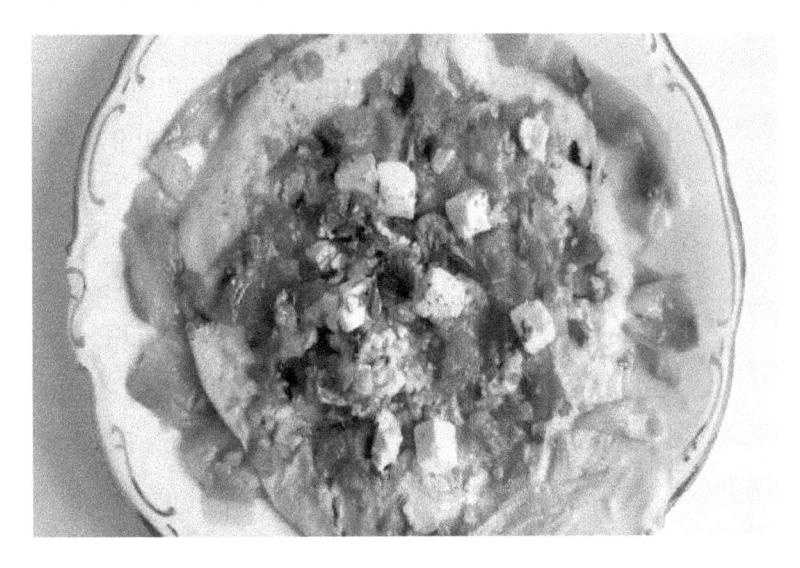

- Penyediaan: 40 min
- hidangan 2

bahan-bahan

- 1 biji bawang merah
- 4 biji telur
- garam
- lada dari pengisar
- 4 sudu besar keju creme fraiche
- 2 sudu kecil mustard
- 2 sudu kecil jus lemon
- 2 sudu besar selasih yang dicincang halus
- 2 sudu besar mentega

- 100 g
- feta
- selasih

Langkah penyediaan

1. Kupas dan cincang halus bawang merah. Asingkan telur. Pukul putih telur dengan secubit garam hingga kaku. Pukul kuning telur dengan 2 sudu besar creme fraiche, mustard, jus lemon dan basil yang dicincang halus. Perasakan dengan garam dan lada sulah, masukkan putih telur hingga rata.
2. Cairkan separuh daripada mentega dalam kuali tidak melekat. Masukkan separuh bawang merah dan tumis. Masukkan separuh adunan telur dadar dan masak selama 6-8 minit sehingga bahagian bawah berwarna perang keemasan dan permukaannya menjadi pekat sambil menutup kuali. Kemudian tarik kuali dari dapur.
3. Sapukan 1 sudu besar creme fraiche pada telur dadar dan tutup dengan separuh daripada feta hancur, perasakan dengan garam dan lada sulah dan lipat telur dadar dengan bantuan spatula.

4. Bakar telur dadar kedua dengan cara yang sama (mungkin dalam kuali kedua).
5. Letakkan telur dadar di atas pinggan dan hidangkan dihiasi dengan selasih.

26. Salad couscous dengan strawberi

- Penyediaan: 35 min
- hidangan 4

bahan-bahan

- 250 g kuskus bijirin penuh (segera)
- 40 g kismis
- garam
- 150 g tauhu sutera
- 1 sudu besar minuman soya (susu soya)
- 1 sudu kecil yis flakes
- 1 sudu besar tepung kacang

- 1 sudu kecil tahini
- 1 secubit kunyit
- 4 sudu besar minyak zaitun
- 150 g strawberi
- 40 g roket (1 genggam)
- 1 batang pudina
- 2 sudu besar jus limau nipis
- 1 sudu kecil madu
- lada
- 1 sudu besar badam serpihan

Langkah penyediaan

1. Campurkan couscous dengan kismis dan masak dalam air masin mengikut arahan pada paket.
2. Sementara itu, untuk jalur telur dadar, campurkan tauhu sutera dalam mangkuk dengan minuman soya, kepingan yis, tepung kacang ayam, pes tahini, kunyit dan secubit garam. Panaskan 1 sudu besar minyak dalam kuali, masukkan adunan dan goreng dengan api sederhana lebih kurang 1-2 minit sehingga perang keemasan. Balikkan dan goreng selama 1-2 minit lagi sehingga perang keemasan. Keluarkan dari kuali, biarkan sejuk sedikit dan potong menjadi jalur halus.

3. Basuh, bersihkan dan potong strawberi. Basuh dan bersihkan roket, putar kering dan petik menjadi kepingan bersaiz gigitan. Basuh pudina, goncang kering dan kutip daunnya.
4. Untuk dressing, campurkan jus limau nipis dengan madu dan baki minyak dan perasakan dengan garam dan lada sulah. Pukul couscous dengan garpu dan campurkan dengan dressing.
5. Sapukan couscous di atas pinggan, atas dengan strawberi dan roket, dan telur dadar dan pudina. Taburkan dengan badam.

27. Telur dadar rumpai laut

- Penyediaan: 15 minit
- memasak dalam 20 min
- hidangan 4

bahan-bahan

- 12 biji telur
- 50 ml susu (3.5% lemak)
- garam
- Lada dari kilang
- 1 sudu besar mentega
- 2 helai rumpai laut nori

Langkah penyediaan

1. Pukul telur dengan susu dan perasakan dengan garam dan lada sulah. Goreng sejumlah 4 telur dadar yang sangat nipis satu demi satu. Untuk melakukan ini, panaskan sedikit mentega dalam kuali bersalut. Masukkan satu perempat daripada campuran telur-susu dan goreng selama 2-3 minit dengan api sederhana. Gunakan baki campuran susu telur juga.
2. Sebarkan filem berpaut pada permukaan kerja dan letakkan telur dadar di atas, sedikit bertindih, dalam segi empat tepat. Potong daun rumpai laut mengikut saiz dengan gunting dan tutup telur dadar dengannya. Tutup dengan filem berpaut, tekan perlahan dan biarkan selama 5 minit.
3. Tanggalkan penutup dan bungkus telur dadar alga dengan ketat ke dalam gulungan menggunakan kerajang. Potong keratan alga yang tinggal menjadi jalur nipis. Potong gulungan telur dadar alga ke dalam kepingan, edarkan pada pinggan dan hiaskan dengan jalur alga.

28. Telur dadar dengan bayam dan asparagus

- Penyediaan: 45 min
- hidangan 4

bahan-bahan

- 250 g asparagus hijau
- ½ lemon organik
- 2 sudu besar minyak zaitun
- 100 ml sup sayur-sayuran
- garam
- lada
- 125 g daun bayam segar
- 8 biji telur

- 150 ml susu (1.5% lemak)
- 20 g parmesan (1 keping; 30% lemak dalam bahan kering)
- 200 g roti bijirin penuh (4 keping)

Langkah penyediaan

1. Kupas asparagus di bahagian ketiga bawah dan potong hujung berkayu. Bilas separuh lemon dengan air panas, gosok hingga kering, gosok kulitnya, dan perah jusnya.
2. Panaskan minyak dalam kuali. Tumis asparagus dengan api sederhana selama 2-3 minit. Deglaze dengan jus lemon dan sup, perasakan dengan garam dan lada sulah dan masak dengan api perlahan selama 5 minit sehingga al dente. Kemudian keluarkan penutup dari kuali dan biarkan cecair menyejat.
3. Sementara itu, bersihkan dan basuh bayam dan goncang sehingga kering. Pukul telur bersama susu. Perasakan dengan garam, lada sulah dan kulit limau.
4. Sapu kuali bersalut dengan 1/2 sudu teh minyak. Masukkan 1/4 adunan telur dan putar hingga sekata. Teratas dengan 1/4 daripada asparagus dan bayam. Masak telur dadar

dengan api sederhana selama 5-6 minit dan biarkan ia berwarna perang sedikit. Pastikan hangat dalam ketuhar yang telah dipanaskan pada suhu 80 ° C.

5. Bakar 3 lagi telur dadar daripada baki adunan telur dengan cara yang sama dan pastikan ia hangat. Parut parmesan dengan halus. Lipat telur dadar bersama-sama, taburkan keju dan hidangkan bersama roti.

29. Telur dadar daging

- Penyediaan: 30 min
- memasak dalam 45 min
- hidangan 4

bahan-bahan

- 150 g bakon sarapan pagi
- 8 biji telur
- 8 sudu besar susu
- mentega untuk menggoreng
- 1 sudu besar pasli yang baru dicincang
- 1 sudu besar daun kucai gulung

- Lada dari kilang

Langkah penyediaan

1. Potong bacon menjadi jalur lebar, biarkan dalam kuali panas, goreng sehingga garing, keluarkan dan toskan pada tuala kertas.
2. Buka 2 biji telur setiap satu dalam mangkuk dan gaul rata dengan 2 sudu susu dengan whisk. Sapu kuali panas dengan sedikit mentega dan tuangkan adunan telur tadi. Kacau dengan api perlahan dengan spatula sehingga telur mula pekat. Jika ia lembap dan berkilat di permukaan, tutup dengan sedikit bacon, taburkan dengan pasli dan daun bawang, lada, lipat bersama dan hidangkan.

30. Zucchini dan lada tortilla

- Penyediaan: 30 min
- memasak dalam 50 min
- hidangan 4

bahan-bahan

- 1 zucchini
- garam
- 2 biji lada merah
- 2 biji bawang besar
- 1 genggam selasih
- 1 ulas bawang putih
- 2 sudu besar minyak zaitun
- Lada dari kilang

- 6 biji telur
- 4 sudu besar krim putar
- 50 g keju parut baru

Langkah penyediaan

1. Panaskan ketuhar hingga 200 ° C api atas
2. Basuh dan bersihkan zucchini, potong memanjang dan bersilang menjadi batang. Garam dan biarkan air curam selama kira-kira 10 minit. Kemudian keringkan. Basuh lada, potong dua, bersihkan dan potong dadu. Basuh dan bersihkan daun bawang dan potong menyerong ke dalam cincin. Basuh selasih, goncang kering dan potong kasar daun. Kupas bawang putih dan potong menjadi jalur halus. Tumis dengan paprika dan daun bawang dalam minyak panas dalam kuali besar selama 1-2 minit. Masukkan batang zucchini dan tumis selama 1-2 minit. Perasakan dengan garam dan lada sulah. Taburkan dengan selasih. Pukul telur dengan krim dan tuangkan ke atas sayur-sayuran. Biarkan ia masak sekejap dan taburkan dengan keju. Bakar dalam ketuhar selama 10-15 minit sehingga perang keemasan dan biarkan set.

31. Telur dadar Itali dengan kacang

- Penyediaan: 30 min
- memasak dalam 55 min
- hidangan 4

bahan-bahan

- 1 biji bawang merah
- 1 bawang putih
- 40 g roket (0.5 tandan)
- 500 g kacang polong beku
- 7 biji telur
- 150 ml krim putar
- garam

- lada
- 1 sudu besar minyak zaitun

Langkah penyediaan

1. Kupas dan cincang halus bawang merah dan bawang putih. Basuh roket, susun dan goncang hingga kering. Biarkan kacang mencair.
2. Pukul telur dalam mangkuk dan pukul mereka kasar dengan krim, perasa dengan garam dan lada sulah. Panaskan minyak dalam kuali kalis ketuhar dan goreng bawang merah dan bawang putih dengan api sederhana sehingga lut sinar. Campurkan kacang peas dan tumis sebentar. Masukkan telur dan biarkan seketika. Letakkan kuali dalam ketuhar yang telah dipanaskan pada 200 ° dan bakar selama 15-20 minit sehingga keemasan. Angkat dan hidangkan, potong dan hias dengan roket.

32. Telur dadar kentang ala Sepanyol

- Penyediaan: 40 min
- hidangan 4

bahan-bahan

- 600 g kentang
- 1 lada merah
- 1 lada kuning
- 1 lada hijau
- 1 biji cili padi dihiris halus
- 200 g bayam
- 8 biji telur
- 1 biji bawang
- 2 ulas bawang putih
- minyak zaitun

- garam
- Lada dari kilang

Langkah penyediaan

1. Kupas dan potong kentang. Goreng perlahan-lahan dalam kuali besar dengan minyak zaitun yang banyak selama lebih kurang. 15 minit, pusing sekali-sekala. Anda tidak sepatutnya mengambil cat.
2. Sementara itu, basuh, belah dua, bersihkan dan potong dadu.
3. Kupas bawang merah dan bawang putih dan potong halus.
4. Basuh, bersihkan dan rebus sebentar bayam dalam air masin mendidih. Cincang, picit, dan cincang.
5. Keluarkan kentang dari kuali dan keluarkan minyak yang berlebihan. Hanya peluh bawang besar, bawang putih, cili, bayam dan paprika dalam sedikit minyak, keluarkan. Pukul telur, campurkan dengan sayur goreng, perasakan dengan garam, lada sulah dan masukkan ke dalam kuali. Biarkan ia perlahan-lahan selama kira-kira 5-6 minit. Kemudian putar tortilla dengan bantuan pinggan dan goreng sebelah

lagi sehingga perang keemasan. Hidangkan sejuk atau suam, potong-potong.

33. Telur dadar keju

- Penyediaan: 15 minit
- memasak dalam 22 min
- menghidangkan 1

bahan-bahan

- 3 biji telur
- 2 sudu besar krim putar
- lada garam dari kilang

- 1 biji bawang besar
- 1 biji lada merah
- 1 sudu besar mentega
- 2 sudu besar keju parut zb cheddar

Langkah penyediaan

1. Panaskan ketuhar hingga 220 ° C api atas. Campurkan telur dengan krim dan perasakan dengan garam dan lada sulah. Basuh dan bersihkan daun bawang dan potong menjadi cincin halus. Basuh lada, potong dua, bersihkan dan potong dadu.
2. Masukkan mentega ke dalam kuali panas dan tuangkan telur. Taburkan dengan daun bawang dan lada benggala dan biarkan selama 1-2 minit dan bakar sehingga perang keemasan. Gulung dan taburkan dengan keju. Bakar dalam ketuhar selama kira-kira 5 minit sehingga perang keemasan.

34. Telur dadar tomato dengan keju biri-biri

- Penyediaan: 20 min
- hidangan 4

bahan-bahan

- 8 biji telur
- 100 ml krim putar
- 3 biji tomato
- 1 sudu besar mentega
- 200 g feta potong dadu
- garam
- Lada dari kilang
- buah pala yang baru diparut

- 2 sudu besar basil cincang untuk hiasan

Langkah penyediaan

1. Pukul telur dengan krim dan perasakan dengan garam, lada sulah dan buah pala. yang
2. Basuh dan empatkan tomato, keluarkan biji dan potong kiub kecil. Peluh sedikit dalam mentega panas, tambah kiub feta dan tuangkan pada telur. Kacau sehingga telur dadar mula bertakung. Kemudian tutup dan biarkan berdiri di atas api perlahan selama kira-kira 2 minit. Seperempat telur dadar dan susun di atas pinggan. Hidangkan ditaburkan dengan selasih.

35. Telur dadar dengan feta dan sayur-sayuran

- Penyediaan: 30 min
- memasak dalam 55 min
- hidangan 4

bahan-bahan

- 200 g jagung tin
- 1 auberge
- 2 biji zucchini
- 300 g tomato ceri
- 1 ulas bawang putih
- 4 sudu besar minyak zaitun
- garam
- Lada dari kilang
- 1 sudu kecil oregano kering

- 7 biji telur
- 100 ml susu
- 200 g feta
- Basil untuk hiasan

Langkah penyediaan

1. Basuh dan bersihkan sayur-sayuran. Toskan jagung di atas penapis. Basuh dan bersihkan terung dan zucchini dan potong sebatang kayu. Basuh dan belah tomato juga. Kupas bawang putih dan cincang halus. Panaskan 2 sudu besar dalam kuali, goreng bawang putih, terung, zucchini dan jagung, teruskan goreng selama kira-kira 4 minit, kacau. Kemudian masukkan tomato. Perasakan campuran sayuran dengan garam, lada, oregano dan cuka dan keluarkan dari dapur.

2. Pukul telur bersama susu, garam dan lada sulah. Panaskan baki minyak dalam kuali. Tuangkan 1/4 adunan telur dan biarkan ia mengalir sekata dengan memusingkan dan sengetkan sedikit kuali. Goreng hingga kekuningan di kedua-dua belah pihak. Letakkan satu telur dadar pada setiap pinggan, tutup separuh dengan campuran

sayuran, lipat dan taburkan dengan kepingan feta. Hidangkan dihiasi dengan selasih.

36. Frittata dengan zucchini

- Penyediaan: 10 min
- memasak dalam 28 min
- hidangan 4

bahan-bahan

- 2 biji zucchini
- 1 ulas bawang putih
- 1 sudu besar thyme yang baru dicincang
- 2 sudu besar minyak zaitun

- garam
- Lada dari kilang
- 5 biji telur
- 50 ml krim putar
- 50 g parmesan parut

Langkah penyediaan

1. Basuh, bersihkan dan potong zucchini. Kupas bawang putih dan cincang halus. Campurkan zucchini dengan daun thyme dan bawang putih dan goreng dalam minyak panas dalam kuali selama 2-3 minit, perasakan dengan garam dan lada. Tuangkan cecair yang terhasil.
2. Pukul telur dengan krim, perasakan dengan garam dan lada, tuangkan zucchini dan tutup dan biarkan selama 8-10 minit dengan api perlahan. Kemudian putar frittata dengan bantuan pinggan besar, taburkan dengan parmesan dan tutup dan bakar selama 3-5 minit.
3. Potong kotak kecil untuk dihidangkan.

37. Telur dadar dengan daun bawang dan bacon

- Penyediaan: 50 min
- hidangan 4

bahan-bahan

- 150 g tepung
- 2 biji telur
- 250 ml susu
- 2 sudu kecil minyak
- minyak untuk menggoreng
- Untuk pengisian
- 75 g gouda parut halus

- 500 g daun bawang putih dan hijau muda, dibasuh dan dibersihkan
- 75 g bacon sarapan dihiris halus
- garam
- Lada dari kilang
- 4 sudu besar keju creme fraiche

Langkah penyediaan

1. Campurkan tepung dengan telur, susu, minyak, dan garam untuk doh dan biarkan rendam lebih kurang. 30 minit. Kemudian kacau dalam 25 g keju Gouda.
2. Potong daun bawang menjadi cincin nipis. Goreng bacon dalam kuali, kemudian masukkan daun bawang dan masak bertutup selama lebih kurang. 8-12 minit. Perasakan secukup rasa dengan garam, lada sulah dan creme fraiche,
3. Goreng 4 telur dadar dari adunan dalam minyak, isi dengan campuran daun bawang, taburkan dengan baki keju dan lipat.
4. Bakar dalam ketuhar pada suhu 220 ° C selama lebih kurang. 5 minit, hidangkan panas.

38. Telur dadar mangga

- Penyediaan: 45 min
- hidangan 4

bahan-bahan

- 2 biji mangga masak
- 1 lemon organik
- 2 sudu besar gula
- 8 biji telur
- garam
- 4 sudu besar tepung
- mentega

Langkah penyediaan

1. Kupas mangga, potong pulpa dari batu di kedua-dua belah dan potong ke dalam kepingan halus. Gosok kulit limau dan perah jusnya.
2. Asingkan telur dan pukul putih telur hingga kaku. Campurkan kuning telur dengan gula, kulit limau, secubit garam dan tepung sehingga berkrim. Masukkan putih telur dengan whisk.
3. Sementara itu, panaskan sedikit mentega dalam kuali kecil. Tuangkan adunan ke dalam kuali dengan senduk kecil (cth, sudu sos) dan tutup hirisan mangga. Letakkan tudung dan goreng selama lebih kurang 2-3 minit dengan api perlahan hingga kekuningan, putar sekali dan goreng lebih kurang 1 minit, kemudian angkat dan panaskan. Bakar 8 telur dadar kecil satu demi satu

39. Lada benggala dan tortilla kentang

- Penyediaan: 35 min
- memasak dalam 1 jam 35 min
- hidangan 4

bahan-bahan

- 700 g kebanyakannya kentang berlilin
- garam
- 3 biji lada merah
- 1 biji bawang merah
- 2 ulas bawang putih
- 6 biji telur

- 200 ml krim putar sekurang-kurangnya 30% kandungan lemak
- 300 ml susu
- 100 g parmesan parut segar
- Lada dari kilang
- Buah pala
- 2 sudu besar minyak sayuran
- lemak untuk bentuk

Langkah penyediaan

1. Basuh kentang dan masak dalam air mendidih masin selama 20-25 minit. Toskan, bilas dengan air sejuk, kupas dan biarkan sejuk. Panaskan ketuhar pada suhu 180 ° C atas dan bawah api.
2. Basuh lada, potong separuh, keluarkan inti, separuh secara mendatar dan potong menjadi jalur lebar. Seterusnya, kupas dan cincang halus bawang merah dan bawang putih.
3. Pukul telur dengan krim, susu dan keju dan perasakan dengan garam, lada sulah dan buah pala. Potong kentang menjadi kepingan setebal 0.5 cm dan goreng dalam kuali panas dengan minyak sehingga perang keemasan. Masukkan bawang besar dan kiub bawang putih, goreng sebentar dan masukkan ke

dalam loyang yang telah digris dengan jalur lada.

4. Tuangkan krim telur ke atasnya sehingga semuanya ditutup dengan baik dan bakar dalam ketuhar yang telah dipanaskan selama 30-35 minit sehingga perang keemasan. Keluarkan, keluarkan dari acuan, potong kiub 4x4 cm dan hidangkan dengan batang kayu.

40. Telur dadar dengan zucchini

- Penyediaan: 25 min
- hidangan 4

bahan-bahan

- 10 biji telur
- 50 ml minuman oat (susu oat)
- 2 sudu besar selasih yang baru dipotong
- garam
- lada
- 2 biji zucchini
- 250 g tomato ceri
- 2 sudu besar minyak zaitun

Langkah penyediaan

1. Pukul telur bersama minuman oat dan selasih. Perasakan dengan garam dan lada sulah.
2. Basuh, bersihkan dan potong zucchini menjadi kepingan. Basuh dan belah tomato. Campurkan sayur-sayuran hingga rata, perasakan dengan garam, lada sulah dan tumis 1/4 minit setiap satu dalam sedikit minyak panas. Tuangkan 1/4 daripada telur ke atas setiap satu, campurkan dan goreng selama 4-5 minit sehingga perang keemasan dan biarkan set. Bakar kesemua 4 telur dadar dengan cara ini dan hidangkan.

41. Telur dadar dengan sayur-sayuran, crouton dan tauhu

- penyediaan 30 minit
- hidangan 2

bahan-bahan:

- 250 g tauhu sutera
- 6 biji tomato
- 4 keping roti gandum
- 2 biji lada manis merah
- 2 sudu besar mentega clarified
- 1 sudu besar keju Parmesan parut halus
- sekumpulan kucai hijau

- garam
- lada hitam tanah
- pasli hijau

penyediaan:

1. Basuh semua sayur-sayuran dan sayur-sayuran dan toskannya dari air. Potong tomato menjadi kepingan kecil. Keluarkan biji dari lada dan potong dadu kecil. Potong kucai dan pasli hijau dengan halus. Pecahkan telur ke dalam cawan, campurkan dengan secubit garam, lada sulah, dan keju Parmesan parut, dan tuangkannya ke dalam kuali panas tanpa lemak. Goreng segala-galanya di kedua-dua belah sehingga telur ditetapkan sepenuhnya. Kemudian keluarkan dari kuali dan letakkan di atas pinggan.
2. Potong dadu tauhu dan perangkan sedikit dalam 1 sudu besar mentega yang dijernihkan dalam kuali. Selepas keperangan, keluarkan dari kuali dan letakkan di atas telur dadar di atas pinggan. Kemudian masukkan sayur-sayuran cincang ke dalamnya dan taburkan segala-galanya dengan daun bawang cincang dan pasli hijau. Seterusnya, perangkan kepingan roti gandum dalam baki mentega

yang telah dijelaskan dalam kuali, keluarkan dan masukkannya ke dalam hidangan.

42. Snek dengan ham dan telur dadar

- penyediaan sehingga 30 minit
- hidangan 2

bahan-bahan:

- ham dihiris
- 4 biji telur
- 2 sudu besar susu
- 1 sudu besar tepung gandum
- garam
- lada hitam tanah

- kepala selada shaggy

penyediaan:

1. Bahagikan daun salad, basuh dengan bersih, toskan dari air dan letakkan di atas dulang. Pecahkan telur ke dalam cawan, tambah tepung, secubit garam dan lada, tambah susu dan pukul semuanya dengan garpu.
2. Kemudian tuangkan ke dalam kuali panas tanpa lemak dan goreng kedua-dua belah sehingga telur benar-benar pejal, kemudian matikan api. Masukkan telur dadar goreng ke dalam kepingan ham, bungkus dalam gulungan, letakkan di atas daun salad dan kencangkan dengan pencungkil gigi kecil.

43. Telur dadar sayur

- penyediaan: 30-60 minit
- hidangan 2

bahan-bahan:

- 6 biji telur
- 1 lada manis merah
- 1 lada manis hijau
- 1 biji bawang merah
- 1 brokoli
- 1 sudu besar tepung gandum
- 0.5 cawan susu 2%
- garam

- lada hitam tanah

penyediaan:

1. Basuh semua sayur-sayuran dan toskannya dari air. Keluarkan biji dari lada merah dan hijau dan potong kecil. Kupas bawang merah dan potong menjadi kepingan nipis.
2. Bahagikan brokoli kepada bunga, masukkan ke dalam periuk, tuang air masin sedikit supaya tidak melekat dan masak sehingga lembut. Selepas mendidih brokoli, toskan.
3. Kemudian, pukul telur ke dalam cawan, tuangkan susu ke dalamnya, tambah tepung, secubit garam dan lada sulah dan pukul dengan teliti dengan pukul, kemudian tuangkannya ke dalam hidangan tahan panas.
4. Masukkan semua sayur-sayuran dan brokoli yang telah dicincang sebelum ini. Masukkan semuanya ke dalam ketuhar yang dipanaskan hingga 175 ° C dan bakar sehingga sayur-sayuran lembut.
5. Selepas dibakar, keluarkan dari ketuhar dan sejukkan sedikit.

44. Telur dadar dengan Buah

- penyediaan: sehingga 30 minit
- hidangan 2

bahan-bahan:

- 6 biji telur
- 1 sudu teh tepung gandum
- 0.5 cawan susu 2%
- garam
- sekumpulan kucai

BUAH-BUAHAN:

- 6 biji pisang

- 1 cawan beri biru

penyediaan:

1. Basuh pisang dan beri dan toskan dari air. Keluarkan hujung pisang, kupas, potong daging menjadi kepingan nipis dan letakkan di atas pinggan.

Sediakan omelet:

2. pecahkan telur ke dalam cawan, tuangkan susu ke dalamnya, masukkan tepung, secubit garam dan daun kucai yang dicincang halus. Gaul rata semua dengan garfu, kemudian tuang ke dalam kuali panas tanpa lemak dan goreng dengan api sederhana sehingga telur betul-betul set. Kemudian keluarkan dari api dan masukkan pisang di atas pinggan. Taburkan semuanya dengan blueberry.

45. Terung dadar

- penyediaan sehingga 30 minit
- hidangan 2

bahan-bahan:

- 4 biji telur
- 4 sudu besar minyak
- 2 biji terung
- 2 biji tomato
- 2 ulas bawang putih
- 2 biji limau nipis
- 1 biji bawang
- garam

- lada hitam tanah

penyediaan:

1. Basuh sayur-sayuran dan toskan airnya. Terung dipotong menjadi kepingan setebal 1 cm. Potong tomato menjadi kepingan kecil. Kupas bawang dengan bawang putih dari kulit dan cincang halus. Pecahkan telur ke dalam mangkuk dan pukul dengan garpu dengan secubit garam dan lada hitam yang dikisar. Masukkan hirisan terung ke dalam kuali panas dengan 1 sudu besar minyak dan goreng dengan api sederhana sehingga perang keemasan. Kemudian keluarkan mereka dari api dan tanggalkan kulit mereka. Masukkan tomato cincang, bawang besar dan bawang putih ke dalam telur yang telah dipukul dan gaul rata. Kemudian panaskan baki minyak dalam kuali dan masukkan terung goreng kulit ke dalamnya. Tuangkan semuanya ke atas telur dan sayuran yang telah dicampur. Goreng segala-galanya di kedua-dua belah sehingga perang keemasan, dan selepas menggoreng, keluarkan dari api dan letakkan di atas pinggan.

46. Telur dadar dengan tiram

- penyediaan 30-60 minit
- hidangan 4

bahan-bahan:

- 300 g tiram beku
- 200 ml sos cili api
- 3 sudu besar minyak
- 2 ulas bawang putih
- 2 helai daun pisang
- 5 biji telur
- 0.5 cawan susu 2%

- pasli hijau
- garam
- lada hitam tanah

penyediaan:

1. Basuh pasli hijau dan daun pisang dan toskan airnya. Letakkan daun pisang di atas pinggan. Cairkan tiram, potong kulit dan keluarkan bahagian yang tidak boleh dimakan. Kemudian, kupas bawang putih dari kulitnya, cincang halus dan goreng dalam minyak panas dalam kuali.
2. Masukkan tiram yang dipotong-potong ke dalam bawang putih yang telah dikacau. Goreng dengan api sederhana hingga kekuningan sedikit. Kemudian pukul telur ke dalam cawan, pukul dengan garpu dengan susu, secubit garam, lada hitam tanah dan tuangkan ke dalam tiram goreng. Campurkan semuanya dengan baik dan goreng sehingga telur betul-betul set. Kemudian keluarkan semuanya dari api dan masukkan ke dalam daun pisang di atas pinggan. Taburkan hidangan siap dengan pasli hijau dan hidangkan bersama sos cili.

47. Nasi dengan telur dadar, bacon dan chicory

- penyediaan 30-60 minit
- hidangan 4

bahan-bahan:

- 25 g hirisan bacon salai
- 3 biji telur
- 3 sudu besar minyak
- 1 cawan nasi likat
- 1 por kecil
- 1 buah chicory merah
- 1 sudu besar susu

- 1 sudu besar tepung gandum
- garam
- lada

penyediaan:

1. Basuh sayur dan toskan airnya. Kemudian, potong daun bawang kepada kepingan kecil.
2. Potong chicory menjadi kepingan nipis. Biarkan empat keping bacon utuh dan selebihnya potong dadu. Bilas beras di bawah air yang mengalir, tuangkan ke dalam periuk, tuangkan dua gelas air masin, rebus hingga cair dan sejat.
3. Pecahkan telur ke dalam mangkuk, tuangkan susu ke dalamnya, tambah tepung, secubit garam dan lada dan pukul dengan garpu. Tuangkan bahan yang telah dipukul tadi ke dalam 1 sudu besar minyak panas dalam kuali dan goreng sehingga masak.
4. Kemudian keluarkan dari api, potong kecil-kecil dan gaulkan dengan nasi yang telah dimasak.
5. Kemudian panaskan baki minyak dalam kuali, masukkan daging cincang dan daun bawang, perasakan dengan rempah secukup rasa dan goreng sehingga daging keemasan.

6. Kemudian masukkan beras campur dan telur dadar ke dalamnya, gaul lagi dan gorengkannya, bertutup, selama satu minit lagi.
7. Selepas masa ini, keluarkan segala-galanya dari api dan letakkan di atas pinggan, sambil menambah kepingan bacon yang tinggal. Taburkan semuanya dengan chicory cincang.

48. Telur dadar dengan kacang dan ham

bahan-bahan:

- 30 g kacang hijau
- 25 g ham serrano yang dihiris
- 3 sudu besar minyak zaitun
- 2 ulas bawang putih
- 2 sudu besar mayonis
- 1 sudu teh lada merah manis yang dikisar
- 1 lada cili salai
- sekumpulan kucai, garam
- lada
- garam

Untuk omelet:

- 4 biji telur

- 2 sudu besar susu
- 1 sudu besar tepung gandum

penyediaan:

1. Basuh sayur dan toskan airnya. Potong kucai halus. Keluarkan biji dari lada salai dan potong kecil. Keluarkan hujung kacang, masukkan ke dalam periuk, tuangkan 1 liter air masin ringan, masak sehingga lembut dan toskan. Kupas bawang putih dari kulit, potong kiub kecil dan goreng pada 2 sudu minyak zaitun panas dalam kuali. Masukkan lada cili yang dicincang, salai halus, hirisan ham dan kacang hijau yang telah dimasak sebelum ini ke dalam bawang putih yang telah dikacau. Goreng, ditutup, selama 1.5 minit dengan api sederhana.

2. Kemudian sediakan telur dadar: masukkan telur dalam periuk, tuangkan susu ke dalamnya, tambah tepung, secubit garam, lada dan pukul semuanya dengan teliti dengan garpu. Tuangkan bahan yang telah dipukul tadi ke atas bahan yang telah digoreng dalam kuali. Goreng semuanya sehingga telur dipotong. Sedia untuk dikeluarkan dari api dan dimasukkan ke dalam pinggan.

3. Taburkan semuanya dengan daun kucai yang dicincang.

49. telur dadar roulade

bahan-bahan:

- 6 biji telur
- 5 sudu besar krim 12%
- 2 sudu besar tepung
- 15 gram mentega
- keju kotej herba

- kacang hijau
- jagung dalam tin
- 20 gram keju parut
- dill hijau atau pasli
- garam
- lada

penyediaan:

1. Pukul telur bersama keju parut, krim dan tepung. Masukkan garam. Cairkan mentega dalam kuali dan tuangkan jisim yang disebat. Goreng dengan api besar di kedua-dua belah, tuas bahagian bawah dengan spatula untuk mengelakkannya daripada hangus. Letakkan telur dadar siap di atas pinggan, sikat dengan keju kotej, taburkan dengan kacang, jagung, lada, dill cincang atau pasli. Gulung dan kemudian potong menjadi kepingan tebal. Hidangkan hangat.

50. Telur dadar babi

- penyediaan sehingga 30 minit
- hidangan 2

bahan-bahan:

- 300 g daging babi cincang
- 4 biji telur
- 2 sudu besar minyak
- 2 sudu teh kicap gelap
- 2 biji tomato
- 1 biji bawang
- 1 timun hijau
- garam
- lada hitam tanah

penyediaan:

2. Basuh tomato dan timun dan toskan dari air. Kupas timun, kemudian potong bersama tomato menjadi kepingan nipis dan letakkan di atas pinggan. Kupas bawang, cincang halus dan tumis dalam minyak panas dalam kuali. Selepas kacau, masukkan daging cincang, tuangkan kicap, kacau dan goreng sehingga daging menjadi gelap. Kemudian, pukul telur ke dalam cawan, pukul dengan garpu dengan secubit garam dan lada sulah dan tuangkan ke atas daging goreng dengan bawang. Goreng semuanya sehingga perang keemasan pada api sederhana di kedua-dua belah. Selepas menggoreng, keluarkan dari api dan letakkan di atas pinggan dengan sayur-sayuran cincang.

51. Nasi dan telur dadar daging

- penyediaan sehingga 30 minit
- hidangan 2

bahan-bahan:

- 350 g daging lembu dan daging babi
- 200 g beras perang
- 150 g jagung dalam air garam
- 4 biji telur
- 3 sudu besar minyak
- 2 sudu besar sos tomato pedas
- 1 biji bawang
- 0.5 cawan susu 2%
- garam
- lada hitam (kisar)

penyediaan:

1. Petik jagung dari air garam. Bilas beras di bawah air mengalir, tuangkan ke dalam periuk, tuangkan 4 cawan air masin dan masak sehingga longgar.
2. Selepas masak, sejat. Kupas bawang, cincang halus dan tumis dalam minyak panas dalam kuali. Masukkan daging cincang ke dalam bawang yang telah dikisar, perasakan secukup rasa dengan secubit garam, lada sulah, gaul rata dan goreng sehingga bertukar menjadi gelap. Kemudian masukkan beras yang telah dimasak tadi dan jagung yang telah ditoskan dari air garam. Campurkan semuanya dengan teliti dan goreng selama 3 minit lagi dengan api sederhana, kemudian keluarkan dari api dan letakkan di atas pinggan.
3. Kemudian, pecahkan telur ke dalam cawan, tuangkan susu ke dalamnya, tambah secubit garam dan pukul dengan garpu. Selepas dikacau, tuangkan ke dalam kuali panas tanpa lemak dan masak sehingga pejal. Kemudian keluarkan mereka dari kuali dan masukkan ke

dalam hidangan. Tuangkan sos tomato pedas ke atas segala-galanya.

52. Telur dadar kembang kol

- penyediaan sehingga 30 minit
- hidangan 2

bahan-bahan:

- 6 biji telur
- 2 sudu besar keju Gouda parut
- 2 sudu besar mentega
- 0.5 cawan susu 2%
- 1 bunga kobis besar
- garam
- lada hitam tanah

penyediaan:

1. Basuh kembang kol, potong bunga, masukkan ke dalam periuk, tambah 1.5 liter air masin dan masak sehingga lembut.
2. Selepas masak bunga kobis, toskan dan masukkan ke dalam mentega panas dalam kuali. Kemudian masukkan telur ke dalam cawan, tambah keju Gouda parut, secubit garam dan lada, tuangkan susu, pukul garpu dengan baik, dan kemudian tuangkan keseluruhan kembang kol ke dalam kuali.
3. Goreng segala-galanya sehingga perang keemasan dan hidangkan telur dadar siap hangat.

53. Telur dadar dengan ricotta dan keju Parmesan

bahan-bahan:

- 200 g keju ricotta
- 2 sudu besar mentega
- segenggam selasih segar
- garam
- lada yang baru dikisar

telur dadar:

- 5 biji telur
- 1 sudu besar tepung gandum
- 1 sudu besar keju Parmesan parut

- 1 sudu besar susu

penyediaan:

1. Basuh selasih dan toskan airnya. Cairkan mentega dalam kuali panas. Masukkan keju ricotta ke mentega cair dan goreng selama 1 minit dengan api sederhana.

Sediakan omelet:

2. pecahkan telur ke dalam cawan dan masukkan tepung, Parmesan parut, dan secubit garam. Kemudian, pukul bahan di dalam mug dengan sebati dengan garfu dan tuangkan ke dalam bahan yang digoreng dalam kuali. Goreng semuanya, ditutup, sehingga telur ditetapkan. Kemudian keluarkan semuanya dari api, hiaskan dengan selasih dan taburkan dengan lada yang baru dikisar.

54. Telur dadar kentang

- penyediaan 30-60 minit
- hidangan 4

bahan-bahan:

- 6 biji telur
- 500 g kentang
- 2 sudu besar mentega
- 2 sudu besar susu 2%
- 1 biji bawang
- 0.5 sudu teh rempah kentang
- garam
- lada

penyediaan:

3. Gosok kentang dengan teliti di bawah air yang mengalir, masukkan ke dalam periuk, tuangkan air supaya tidak melekat dan masak dalam jaket mereka sehingga lembut. Selepas masak, toskan dan potong nipis. Kemudian, pecahkan telur ke dalam cawan, tuangkan susu ke dalamnya, tambah secubit garam dan lada sulah dan pukul bersama dengan garpu. Kupas bawang, potong dadu kecil dan perangkannya dalam mentega panas dalam kuali. Masukkan kentang cincang ke dalam bawang merah, taburkannya dengan secubit garam, lada sulah, perasa kentang dan goreng selama 40 saat dengan api sederhana. Tuangkan telur yang telah dipukul tadi ke dalam bahan yang digoreng tadi, gaul dan goreng hingga sebati. Kemudian keluarkan semuanya dari api.

55. Telur dadar dengan keju dan kicap

bahan-bahan:

- 15 g keju Parmesan parut
- 4 biji telur
- 2 sudu besar susu
- 2 sudu besar tepung gandum
- 2 sudu besar kicap gelap
- 0.5 sudu teh garam
- 0.5 sudu teh lada hitam tanah
- pasli hijau

penyediaan:

1. Basuh pasli hijau, toskan air dan potong halus. Pukul telur ke dalam periuk, tambah tepung, garam dan lada kepada mereka, tuangkan susu ke dalamnya dan campurkan segala-galanya dengan pengadun sehingga konsisten krim tebal. Tuangkan bahan campuran dengan sudu ke atas kuali panas tanpa lemak dan goreng pada kedua-dua belah dengan api sederhana sehingga perang sedikit.
2. Kemudian matikan api, taburkan keju Parmesan parut, gulung dan letak semula di atas api sederhana. Goreng, tutup, sehingga keju cair. Kemudian keluarkan dari api, bahagikan kepada bahagian dan letakkan di atas pinggan. Kemudian taburkan semuanya dengan kicap dan taburkan dengan pasli hijau yang dicincang halus.

56. Roulade Turki, telur dadar dan bayam

bahan-bahan:

- 4 buah dada ayam belanda
- 250 g bayam beku
- 4 sudu besar minyak
- 2 sudu besar sos tomato pedas
- 1 biji bawang
- 0.5 sudu teh buah pala parut
- garam
- lada

Untuk Omelet:

- 4 biji telur
- 2 sudu besar susu

- 1 sudu besar tepung gandum

penyediaan:

1. Basuh dada ayam belanda, toskan airnya, hancurkan dengan alu, letakkannya di atas papan pastri, sapu dengan sos tomato pedas pada satu sisi dan taburkan dengan garam dan lada.

Sediakan telur dadar.

2. Pukul telur dalam mangkuk dan pukul dengan tepung dan susu. Masukkan bahan yang telah dipukul ke dalam kuali panas tanpa lemak dan goreng kedua-dua belah dengan api sederhana sehingga telur pekat.
3. Kemudian keluarkan dari api dan letakkan pada dada ayam belanda yang disalut dengan sos tomato. Kupas bawang, potong kiub kecil dan goreng pada 2 sudu minyak panas dalam kuali.
4. Cairkan bayam dan masukkan ke dalam bawang sayu. Perasakan bahan secukup rasa dengan secubit garam dan lada sulah, masukkan buah pala parut, kacau dan reneh, bertutup, selama 2 minit dengan api sederhana. Selepas masa ini, keluarkan dari

haba dan tambahkan kepada bahan-bahan dengan daging.

5. Kemudian bungkus semuanya, ikat dengan benang, masukkan ke dalam kuali panggang dan gerimis dengan 2 sudu minyak zaitun yang tinggal. Masukkan semuanya ke dalam ketuhar yang dipanaskan hingga 175 ° C dan bakar sehingga daging lembut.

57. Telur dadar dengan bacon, kentang, dan asparagus

- penyediaan sehingga 30 minit
- hidangan 2

bahan-bahan:

- 30 g asparagus hijau
- 20 b daging salai
- 4 sudu besar minyak
- 4 biji kentang
- 4 biji telur
- 2 sudu besar susu
- 2 sudu besar krim kental
- 0.5 sudu teh lada merah yang dikisar
- garam

- lada

penyediaan:
1. Basuh asparagus dan toskan dari air. Masukkan asparagus ke dalam periuk, masukkan 3 cawan air masin, masak sehingga lembut dan toskan.
2. Gosok kentang dengan teliti di bawah air yang mengalir, tuangkan 1 liter air ke atasnya, masak dalam jaket mereka sehingga lembut, toskan dan potong menjadi kepingan nipis. Pecahkan telur ke dalam periuk dan pukul dengan pukul dengan susu, secubit garam dan lada sulah.
3. Tuangkan ke dalam kuali panas tanpa lemak dan goreng dengan api sederhana hingga pekat. Kemudian keluarkan dari api dan letakkan di atas pinggan. Panaskan minyak dalam kuali dan masukkan kentang yang telah dimasak tadi.
4. Goreng hingga kekuningan, kemudian matikan api dan letakkan di atas telur dadar yang telah digoreng tadi. Potong dadu daging dan perangkannya dalam kuali panas tanpa lemak. Masukkan asparagus yang telah dimasak ke dalam bacon perang dan masak selama 1.5 minit dengan api sederhana. Keluarkan

bahan-bahan yang digoreng dari api dan tambahkan keseluruhannya dengan krim kental. Taburkan semuanya dengan lada merah yang dikisar.

58. Telur dadar dengan crouton dan taugeh

bahan-bahan:

- 5 g taugeh
- 4 biji telur
- 4 keping roti bakar
- 3 sudu besar minyak
- 2 ulas bawang putih

- 2 sudu besar air
- sekumpulan kucai
- garam
- lada

penyediaan:

1. Taugeh melecur 1 cawan air mendidih dan toskan lebihan air. Basuh daun kucai, toskan airnya dan potong-potong. Potong roti yang telah dibakar menjadi kiub besar.
2. Kupas bawang putih dari kulit, cincang halus dan tumis dalam minyak panas dalam kuali. Masukkan roti bakar dan daun kucai ke dalam bawang putih sayu dan goreng sehingga bahan-bahan berwarna perang keemasan.
3. Kemudian, masukkan telur ke dalam periuk, tuangkan air ke dalamnya, tambah secubit garam dan lada sulah dan tuangkan keseluruhannya.
4. Goreng semuanya sehingga telur dipotong. Kemudian masukkan taugeh yang telah melecur tadi dan goreng, bertutup, selama 40 saat. Keluarkan hidangan siap dari api dan letakkan di atas pinggan.

59. Telur dadar dengan brokoli, ham dan crouton

- penyediaan sehingga 30 minit
- hidangan 4

bahan-bahan:

- 15 g ham salai
- 4 biji telur
- 2 sudu besar minyak
- 2 sudu besar susu
- 1 brokoli
- 1 biji bawang
- 1 baguette kecil

- lada
- garam

penyediaan:

1. Basuh brokoli, bahagikan kepada bunga, tambah 1 liter air masin, rebus sehingga lembut dan toskan.
2. Kupas bawang dari kulit, potong dadu dan goreng pada 1 sudu minyak panas dalam kuali.
3. Potong dadu ham, masukkan bawang sayu dan perang. Kemudian pukul telur bersama susu dalam periuk dan tuangkan ke atas bahan yang telah digoreng tadi. Masukkan brokoli yang telah dimasak tadi, taburkan secubit garam dan lada sulah dan goreng sehingga telur empuk.
4. Sedia untuk dikeluarkan dari api dan diletakkan di atas pinggan. Potong baguette menjadi kepingan nipis, perang dalam baki minyak di kedua-dua belah dan tambah ke dalam hidangan.

60. Daging babi dengan telur dadar, nasi dan jagung

- penyediaan sehingga 30 minit
- hidangan 2

bahan-bahan:

- 200 g jagung dalam air garam
- 6 sudu besar minyak
- 4 biji telur
- 4 ketul daging babi dalam tulang
- 2 sudu besar sos tomato pedas
- 2 ulas bawang putih
- 1 sudu besar tepung
- 1 sudu besar susu

- 1 cawan beras perang
- garam
- lada

penyediaan:

1. Basuh daging, toskan air dan bahagikan kepada bahagian. Bilas beras perang di bawah air yang mengalir, tuangkan 2 gelas air masin sedikit ke atasnya dan masak sehingga airnya sejat sepenuhnya.
2. Kemudian, kupas bawang putih dari kulitnya, cincang halus dan tumis dalam 2 sudu minyak panas dalam kuali. Masukkan jagung yang telah ditoskan dari acar dan nasi yang telah dimasak tadi ke dalam bawang putih yang telah dikacau.
3. Perasakan bahan secukup rasa dengan secubit garam dan lada sulah dan goreng selama 1.5 minit dengan api sederhana. Keluarkan goreng dari api dan letakkan di atas pinggan.
4. Pecahkan telur ke dalam periuk, kemudian masukkan tepung, tuangkan susu, taburkan dengan secubit garam dan goncangkan semuanya dengan teliti dengan pukul.

5. Tuangkan telur yang telah dipukul ke dalam kuali panas tanpa lemak dan goreng sehingga matang. Kemudian keluarkan dari api dan masukkan bahan-bahan di atas pinggan. Taburkan daging babi dengan lada dan garam dan goreng di kedua-dua belah dalam minyak panas yang tinggal di dalam kuali.
6. Toskan yang digoreng dari lemak dan masukkan ke dalam hidangan. Tuangkan sos tomato pedas ke atas segala-galanya.

61. Telur dadar Perancis

bahan-bahan:

- 15 g tartare sera Gruyere
- 2 sudu besar mentega
- sekumpulan kucai
- lada
- garam

penyediaan:

1. Basuh daun kucai dan toskan dari air. Letakkan telur dalam periuk, taburkan dengan secubit garam dan lada sulah dan pukul dengan teliti dengan pukul. Panaskan

mentega dalam kuali, masukkan telur yang telah dipukul dan goreng hingga masak. Kemudian taburkan keseluruhannya dengan keju Gruyere parut dan daun kucai yang dicincang. Gulung semuanya dengan spatula dan goreng, ditutup, sehingga keju cair.

62. Telur dadar dengan kentang, asparagus, dan keju

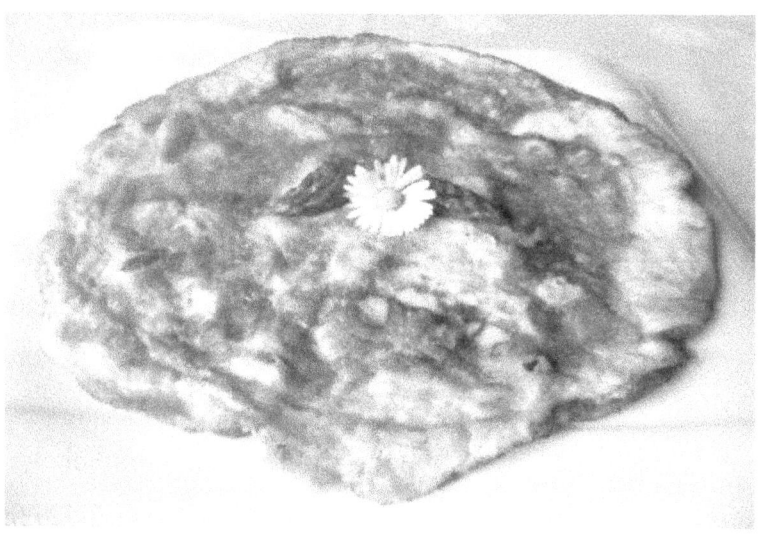

- penyediaan sehingga 30 minit
- hidangan 2

bahan-bahan:

- 20 g asparagus hijau
- 20 g hirisan bacon salai
- 20 g keju kotej kambing
- 4 biji telur
- 4 biji kentang
- 2 sudu besar susu
- 2 ulas bawang putih
- 2 sudu besar minyak
- 1 sudu besar tepung gandum

- 0.5 sudu teh lada merah yang dikisar
- garam
- lada

penyediaan:

1. Basuh sayur dan toskan airnya. Pecahkan telur ke dalam periuk, tuangkan susu ke dalamnya, tambah tepung, perasakan dengan secubit garam dan lada sulah dan pukul dengan teliti dengan pukul.
2. Tuangkan bahan yang telah dipukul ke dalam kuali panas tanpa lemak dan goreng sehingga semuanya pejal. Kemudian keluarkan dari api dan letakkan di atas pinggan. Potong dadu daging.
3. Kupas kentang dan potong menjadi kepingan nipis. Kupas bawang putih dari kulit, potong-potong dan goreng dalam minyak panas dalam kuali. Masukkan kentang cincang dan asparagus ke dalam bawang putih yang telah dikisar.
4. Taburkan bahan dengan secubit garam dan paprika yang dikisar dan goreng sehingga perang keemasan. Kemudian masukkan daging cincang dan goreng sehingga daging berwarna perang

keemasan. Keluarkan goreng dari api dan letakkan di atas telur dadar di atas pinggan.

63. Telur dadar dengan kentang, asparagus, dan keju

- penyediaan sehingga 30 minit
- hidangan 4

bahan-bahan:

- 20 g asparagus hijau
- 20 g hirisan bacon salai

- 20 g keju kotej kambing
- 4 biji telur
- 4 biji kentang
- 2 sudu besar susu
- 2 ulas bawang putih
- 2 sudu besar minyak
- 1 sudu besar tepung gandum
- 0.5 sudu teh lada merah yang dikisar
- garam
- lada

penyediaan:

1. Basuh sayur dan toskan airnya. Pecahkan telur ke dalam periuk, tuangkan susu ke dalamnya, tambah tepung, perasakan dengan secubit garam dan lada sulah dan pukul dengan teliti dengan pukul.
2. Tuangkan bahan yang telah dipukul ke dalam kuali panas tanpa lemak dan goreng sehingga semuanya pejal. Kemudian keluarkan dari api dan letakkan di atas pinggan. Potong dadu daging. Kupas kentang dan potong menjadi kepingan nipis. Kupas bawang putih dari kulit, potong-potong dan goreng dalam minyak panas dalam kuali.

3. Masukkan kentang cincang dan asparagus ke dalam bawang putih yang telah dikisar. Taburkan bahan dengan secubit garam dan paprika yang dikisar dan goreng sehingga perang keemasan. Kemudian masukkan daging cincang dan goreng sehingga daging berwarna perang keemasan.
4. Keluarkan goreng dari api dan letakkan di atas telur dadar di atas pinggan.

64. Tauhu telur dadar

bahan-bahan:

- 40 g tauhu sutera

- 40 g jagung dalam air garam
- 2 biji telur
- 2 helai daun selada merah
- 2 biji tomato ceri
- 2 sudu besar susu
- 2 sudu besar minyak
- 1 sudu besar tepung jagung
- sekumpulan kucai kecil
- sol
- lada

penyediaan:

1. Basuh sayur dan toskan airnya. Letakkan salad dan tomato di atas pinggan.
2. Keluarkan jagung dari air garam dan tuangkan ke dalam mangkuk. Masukkan tauhu dan daun kucai yang ditumbuk kecil.
3. Kemudian tuangkan susu ke dalamnya, masukkan tepung jagung dan masukkan telur. Perasakan secukup rasa dengan lada sulah dan garam dan gaul sebati. Kemudian panaskan minyak dalam kuali dan masukkan bahan yang telah digaul tadi.
4. Goreng semuanya sehingga perang keemasan di kedua-dua belah dengan api sederhana,

kemudian matikan api dan masukkan bahan di atas pinggan.

65. Telur dadar daging lembu

bahan-bahan:

- 200 g daging lembu kisar
- 3 sudu besar minyak
- 2 biji telur
- 2 sudu besar kicap gelap
- 1 lada merah
- 1 biji tomato
- 1 timun hijau
- 1 biji bawang besar
- 1/2 sudu teh magi
- garam
- lada

Penyediaan :

1. Basuh sayur dan toskan airnya. Hiris tomato. Kupas timun dan potong juga.
2. Keluarkan biji dari lada dan potong dadu kecil. Kupas bawang besar dan potong dadu juga.
3. Panaskan minyak dalam kuali, masukkan daging kisar, masukkan kicap, perasakan dengan lada sulah, garam, magi, gaul dan goreng sehingga daging bertukar warna.
4. Kemudian masukkan lada cincang dan daun bawang dan goreng selama 2.5 minit. Pecahkan telur ke dalam periuk, pukul dengan garfu, kemudian tuangkan ke dalam bahan yang digoreng.
5. Perasakan dengan rempah secukup rasa, gaul dan goreng sehingga telur benar-benar pejal. Keluarkan makanan siap dari api dan letakkan di atas pinggan. Kemudian masukkan hirisan timun dan tomato ke dalamnya.

66. Telur dadar dengan hati ayam

- Persediaan 15 minit
- Masa memasak 30 minit

bahan-bahan

- 6 biji telur
- 150 g hati ayam
- 2 biji bawang merah
- 3 sudu besar minyak zaitun
- 1 sudu kecil pasli cincang, 1 sudu kecil kucai cincang, 1 sudu kecil tarragon cincang
- Lada garam

persiapan

1. Pare dan potong 4 hati ayam. Kupas dan kisar bawang merah.

2. Goreng hati ayam dalam minyak zaitun dan masak selama 3 hingga 4 minit. Kemudian, simpan dan peluh bawang merah di atas api yang agak lembut. Campurkan mereka dengan hati dan rizab.
3. Pukul telur, garam dan lada sulah. Masak mereka dalam telur dadar ceroboh. Sapukan pada hati ayam dan herba.
4. Lipat telur dadar dan luncurkan ke atas hidangan.

67. Telur dadar dengan udang dan cendawan

- penyediaan sehingga 30 minit
- hidangan 2

bahan-bahan:

- 5 ekor udang harimau
- 6 cendawan
- 4 biji telur
- 3 sudu besar minyak
- 2 ulas bawang putih
- 1 lada merah
- 1 sudu besar tepung
- 1 sudu besar susu
- Kale untuk hiasan
- garam

- lada

penyediaan:

1. Basuh sayur-sayuran dan cendawan dan toskan dari air. Keluarkan membran dari cendawan dan potong ke dalam kepingan nipis. Keluarkan biji dari lada dan potong menjadi kepingan. Bersihkan udang dari bahagian yang tidak boleh dimakan.
2. Pecahkan telur ke dalam periuk, tuangkan tepung ke dalamnya, tuangkan susu dan pukul semuanya dengan pukul. Kupas bawang putih dari kulit, cincang halus dan goreng dalam minyak panas dalam kuali. Masukkan udang yang telah dibersihkan dan cendawan cincang ke dalam bawang putih yang dikacau, taburkan dengan secubit garam, dan goreng selama 2.5 minit, bertutup, dengan api sederhana.
3. Kemudian tuangkan telur yang telah dipukul tadi ke dalam bahan yang digoreng tadi, perasakan dengan secubit garam, gaul sebati dan goreng hingga telur sebati. Kemudian keluarkan semuanya dari api dan letakkan di atas pinggan. Taburkan hidangan siap dengan lada yang baru dikisar dan hiaskan dengan kale dan paprika cincang.

68. Tortilla dengan telur dadar

bahan-bahan:

- 15 g ham salai yang dihiris
- 4 biji telur
- 2 tortilla
- 2 sudu besar tepung gandum
- 2 sudu besar susu
- 2 sudu besar sos tomato pedas
- 1 biji bawang
- 1 sudu besar minyak
- 1 tandan daun kucai
- 0.5 cawan air suam

- garam
- lada

penyediaan:

1. Rendam penkek tortilla dengan air suam, kemudian masukkan ke dalam kuali panas tanpa lemak dan goreng selama 40 saat di sebelah. Keluarkan goreng dari api dan letakkan di atas pinggan. Basuh daun kucai, toskan airnya dan potong-potong. Pecahkan telur ke dalam mangkuk, masukkan ham yang dicincang menjadi kepingan kecil. Tuangkan tepung, tuangkan susu, kemudian perasakan semua secukup rasa dengan lada dan garam dan pukul dengan teliti dengan pukul. Kupas bawang, potong kiub kecil dan goreng dalam minyak panas dalam kuali. Tuangkan bahan-bahan yang telah dipukul tadi ke dalam bawang yang telah dikacau dan goreng hingga sebati (sebelah sahaja). Kemudian masukkan kesemuanya ke dalam tortilla, tuangkan sos tomato dan taburkan daun kucai yang dicincang.

70. Telur dadar dengan salami dan bawang

- penyediaan: sehingga 30 minit
- hidangan 2

bahan-bahan:

- 15 g salami
- 4 biji telur
- 2 sudu besar zaitun hitam dalam air garam
- 2 sudu besar tepung gandum
- 2 sudu besar susu
- 2 sudu besar minyak
- 1 biji bawang
- 1 timun hijau rumah hijau
- garam
- lada

penyediaan:

2. Basuh timun, toskan air, potong ke dalam kepingan nipis, taburkan dengan secubit garam dan letakkan di atas pinggan. Masukkan keju dadih putih yang dihiris nipis ke dalamnya. Pecahkan telur ke dalam mangkuk, kemudian masukkan tepung, susu dan pukul dengan garpu. Kupas bawang dari kulit, potong ke dalam kepingan nipis, masukkan telur yang dipukul dengan salami potong dadu, dan kemudian campurkan semuanya. Panaskan minyak dalam kuali dan tuangkan bahan yang telah digaul dalam senduk. Perasakan secukup rasa dengan lada sulah dan garam dan goreng dahulu di sebelah, dan apabila telur ditetapkan, terbalikkan dan goreng di sebelah lagi sehingga perang keemasan. Keluarkan telur dadar yang telah digoreng dari api, gulung dan masukkan ke dalam timun. Masukkan buah zaitun yang telah ditoskan dari jeruk.

71. Telur dadar lembu

- penyediaan sehingga 30 minit
- hidangan 2

bahan-bahan:

- 200 g daging lembu kisar
- 3 sudu besar minyak
- 2 biji telur
- 2 sudu besar kicap gelap
- 1 lada merah
- 1 biji tomato
- 1 timun hijau

- 1/2 sudu teh Maggi
- garam
- lada

penyediaan:

1. Basuh sayur dan toskan airnya. Hiris tomato. Kupas timun dan potong juga.
2. Keluarkan biji dari lada dan potong dadu kecil. Kupas bawang besar dan potong dadu juga. Panaskan minyak dalam kuali, masukkan daging kisar, masukkan kicap, perasakan dengan lada sulah, garam, Maggi, gaul dan goreng sehingga daging bertukar warna.
3. Kemudian masukkan lada cincang dan daun bawang dan goreng selama 2.5 minit. Pecahkan telur ke dalam periuk, pukul dengan garfu, kemudian tuangkan ke dalam bahan yang digoreng.
4. Perasakan dengan rempah secukup rasa, gaul dan goreng sehingga telur benar-benar pejal. Keluarkan makanan siap dari api dan letakkan di atas pinggan. Kemudian masukkan hirisan timun dan tomato ke dalamnya.

72. Telur dadar dengan keju dan brokoli

- penyediaan sehingga 30 minit
- hidangan 2

bahan-bahan:

- 6 biji tomato ceri
- 5 g keju Gouda parut
- 4 biji telur
- 2 sudu besar tepung gandum
- 2 sudu besar susu
- 2 sudu besar minyak
- 1 brokoli
- 1 biji bawang merah

- Kale untuk hiasan
- garam
- lada

penyediaan:

1. Basuh sayur dan toskan airnya. Bahagikan brokoli kepada bunga, tuangkan 1 liter air masin, masak sehingga lembut dan toskan.
2. Pecahkan telur ke dalam mangkuk. Kemudian tuangkan tepung ke dalamnya, tambah keju parut, tuangkan susu dan campurkan semuanya dengan teliti dengan pukul.
3. Kupas bawang dari kulit, potong dadu dan tumis dalam minyak panas dalam kuali. Tuangkan bahan campuran ke dalam bawang sayu, perasakan dengan lada sulah dan garam secukup rasa, dan kemudian masukkan brokoli yang telah dimasak sebelumnya.
4. Goreng semuanya dengan api sederhana sehingga bahan benar-benar kering. Sedia untuk dikeluarkan dari api dan diletakkan di atas pinggan. Hiaskan semuanya dengan tomato ceri dan kangkung.

73. Telur dadar dalam roti dengan bacon dan herba

bahan-bahan:

- 20 g bacon salai
- 6 keping roti basi
- 4 biji telur
- 1 sudu besar tepung gandum
- 1 sudu teh thyme kering
- 1 sudu teh marjoram
- 0.5 air suam
- garam
- lada

penyediaan:

1. Keluarkan kerak roti basi dan basahkan dengan air suam dalam mangkuk. Letakkan roti yang telah direndam di atas loyang kek springform berdiameter 30 cm.
2. Potong bacon menjadi kiub kecil dan masukkan ke dalam mangkuk. Tuangkan telur ke dalam bacon cincang, tambah tepung, marjoram, thyme, musim secukup rasa dengan secubit garam dan lada dan kacau dengan teliti.
3. Bahan-bahan campuran tuangkan tin kek dengan roti dan masukkan ke dalam ketuhar yang dipanaskan hingga 170 darjah. Bakar sehingga telur benar-benar menjadi kental, kemudian keluarkan acuan dari ketuhar dan sejukkan sedikit.

74. telur dadar dengan morel dan bayam

- penyediaan sehingga 30 minit
- hidangan 2

bahan-bahan:

- 40 g rasa segar
- 4 sudu besar mentega
- 3 biji telur
- 2 sudu besar susu
- 1 genggam bayam segar
- 1 biji bawang
- lada
- garam

penyediaan:

1. Bersihkan morel dengan teliti, bilas di bawah air yang mengalir dan potong menjadi jalur panjang. Kemudian cairkan mentega dalam kuali dan masukkan cendawan cincang ke dalamnya.
2. Rebus cendawan, bertutup, dengan api perlahan selama 20 minit, kacau sekali-sekala. Kemudian masukkan bawang yang dikupas dan dipotong dadu dan goreng selama 1.5 minit. Basuh bayam, toskan air dan masukkan bahan-bahan. Pecahkan telur ke dalam periuk, campurkan dengan susu, secubit garam dan lada sulah dan tuangkan ke dalam bahan yang digoreng.
3. Goreng semuanya sehingga telur benar-benar padat. Kemudian keluarkan dari api dan letakkan di atas pinggan.

75. telur dadar dengan udang dan cendawan

- penyediaan sehingga 30 minit
- hidangan 2

bahan-bahan:

- 5 ekor udang harimau
- 6 cendawan
- 4 biji telur
- 3 sudu besar minyak
- 2 ulas bawang putih
- 1 lada merah
- 1 sudu besar tepung

- 1 sudu besar susu
- Kale untuk hiasan
- garam
- lada

penyediaan:

1. Basuh sayur-sayuran dan cendawan dan toskan dari air. Keluarkan membran dari cendawan dan potong ke dalam kepingan nipis. Keluarkan biji dari lada dan potong menjadi kepingan.
2. Bersihkan udang dari bahagian yang tidak boleh dimakan. Seterusnya, pecahkan telur ke dalam periuk, tuangkan tepung, tuangkan susu dan pukul semuanya dengan pukul.
3. Kupas bawang putih dari kulit, cincang halus dan goreng dalam minyak panas dalam kuali. Masukkan udang yang telah dibersihkan dan cendawan cincang ke dalam bawang putih yang dikacau, taburkan dengan secubit garam, dan goreng selama 2.5 minit, bertutup, dengan api sederhana.
4. Kemudian tuangkan telur yang telah dipukul tadi ke dalam bahan yang digoreng tadi, perasakan dengan secubit garam, gaul sebati dan goreng hingga telur sebati.

5. Kemudian keluarkan semuanya dari api dan letakkan di atas pinggan. Taburkan hidangan siap dengan lada yang baru dikisar dan hiaskan dengan kale dan paprika cincang.

76. Telur dadar Maghribi

- Masa memasak 15 hingga 30 min
- hidangan 4

bahan-bahan

- 2 sudu besar minyak zaitun
- 2 biji bawang merah (potong dadu halus)
- 4 biji tomato (sedang, diadu, potong dadu)
- 1 sudu kecil Ras el-Hanout (campuran rempah Maghribi)
- 8 biji telur
- 2 sudu besar ketumbar (segar, dicincang)
- garam laut
- Lada (dari kilang)

persiapan

1. Pertama, panaskan minyak zaitun dalam kuali (dengan pemegang seterika atau kayu). Goreng bawang merah di dalamnya, masukkan tomato dadu, perasakan dengan ras el-hanout, garam laut dan lada sulah.
2. Pukul telur dengan teliti ke dalam kuali dan goreng dalam ketuhar pada 180 ° C selama 8-10 minit. Taburkan telur dadar Maghribi dengan ketumbar yang baru dicincang dan kepingan garam laut.

77. Telur dadar keju kambing dengan selasih

- Masa memasak Kurang daripada 5 min
- Hidangan 4

bahan-bahan

- 4 biji telur
- garam
- lada
- 200 g keju (keju kambing)
- 2 sudu besar selasih (dicincang kasar)
- 60 g mentega

persiapan

2. Pukul telur dalam mangkuk untuk telur dadar keju kambing, perasakan dengan garam dan lada sulah, dan pukul semuanya dengan baik. Potong keju kambing menjadi kiub dan campurkan dengan telur bersama dengan selasih yang baru dicincang.
3. Panaskan separuh daripada mentega dalam kuali, tuangkan separuh adunan telur, dan pusingkan kuali untuk mengagihkan adunan secara sekata. Kecilkan api sedikit. Biarkan telur dadar mengeras perlahan-lahan, lipat di tengah dan letakkan di atas pinggan yang telah dipanaskan.
4. Sediakan dan sajikan omelet keju kambing kedua dengan cara yang sama.

78. Telur dadar bawang putih liar

- Masa memasak 5 hingga 15 min
- Hidangan: 4

bahan-bahan

- 1 genggam bawang putih liar
- 2 biji tomato daging
- 1/2 zucchini
- 8 biji telur
- 80 g Emmentaler (atau keju gunung lain)
- 2 tangkai thyme
- 3 tangkai pasli
- Mentega
- Minyak biji serai

- garam
- Lada (baru dikisar)

persiapan

1. Bilas daun bawang putih liar dengan air sejuk, putar kering, dan cincang halus untuk telur dadar bawang putih liar. Basuh tomato dan zucchini dan gosok kering, keluarkan akar dan batang dari zucchini. Potong sayur-sayuran menjadi kiub.
2. Panaskan sedikit mentega dan minyak rapeseed dalam kuali, tumis sayur-sayuran yang dipotong dadu dan bawang putih liar. Keluarkan dari plat panas.
3. Pukul telur dalam mangkuk dan perasakan dengan herba cincang halus, garam dan lada sulah. Sekarang campurkan keju parut kasar. Panaskan minyak dalam kuali besar dan tuangkan adunan telur tadi. Biarkan sedikit, letak sayur kukus di atas dan lipat telur dadar. Putar sekali, bahagikan kepada bahagian dan hidangkan telur dadar bawang putih liar di atas pinggan.

79. Telur dadar ham dan keju

bahan-bahan

- 1 biji telur
- 1/2 sudu kecil tepung
- 2 sudu besar susu
- 50 g Edam
- 1 keping ham (dipotong menjadi jalur halus)
- 1/4 sudu teh rempah cili
- garam
- mentega
- 1/2 biji tomato
- 1 tangkai (s) pasli

persiapan

1. Pukul telur dengan baik. Masukkan keju, susu, tepung, ham dan rempah dan kacau rata.
2. Tuangkan adunan telur ke dalam kuali yang telah dipanaskan dan digris dan biarkan ia mengeras. Letakkan hirisan tomato di atas dan panaskan selama 1-2 minit lagi.
3. Hiaskan dengan pasli.

80. Telur dadar kotej

- Masa memasak 15 hingga 30 min

bahan-bahan

- 3 biji telur
- 1 sudu besar air (suam)
- 1 sudu besar tepung (ditimbun)
- sedikit pasli (dicincang)
- 1 secubit garam
- sedikit lada
- 2 sudu besar bawang besar (dipanggang)
- 1 genggam bacon (potong)
- 5 keping keju (pedas)

persiapan

1. Untuk telur dadar kotej, mula-mula campurkan semua bahan selain keju.
2. Panaskan sedikit minyak dalam kuali (20 cm Ø) dan tuangkan doh. Tutup dan bakar bahagian bawah coklat dengan api sederhana. Bahagian atas hendaklah padat sebelum terbalik.
3. Selepas diputar, potong separuh, tutup sebelah dengan keju, dan biarkan keju cair. Biarkan bahagian bawah bertukar coklat semula. Kemudian lipat kedua-dua bahagian telur dadar kotej bersama-sama.

81. Telur dadar kentang dengan keju

- Masa memasak 15 hingga 30 min
- hidangan 4

bahan-bahan

- 1 kg kentang
- 2 biji bawang merah (dihiris)
- 50-100 g bacon dipotong dadu
- 50-100 g Gouda (potong kiub kecil atau parut)
- mentega
- 6 biji telur
- garam
- lada

persiapan

1. Untuk telur dadar kentang, masak kentang selama kira-kira 20 minit, kupas dan potong menjadi kepingan.
2. Goreng bawang besar dan bacon yang dipotong dadu dengan sedikit mentega, masukkan kentang dan goreng sehingga garing.
3. Campurkan telur dengan sedikit garam dan lada sulah, campurkan kiub keju dan tuangkan adunan ini ke atas kentang. Goreng sehingga adunan pekat.
4. Keluarkan telur dadar kentang siap dari kuali, hiaskan dengan pasli jika perlu dan hidangkan.

82. telur dadar dengan chanterelles

bahan-bahan

- 2 tangkai (s) daun bawang
- 2 pcs. Bawang besar
- 2 sudu besar mentega
- 100 g ham (dimasak)
- 400 g chanterelles (segar)
- Lemon (jus)
- garam
- lada
- 1 secubit buah pala
- 2 tandan pasli (dicincang)

Untuk omelet:

- 8 biji telur
- 500 ml susu

- mentega
- 2 tandan daun kucai (potong)

persiapan

1. Untuk telur dadar dengan chanterelles, bersihkan daun bawang dengan sayur-sayuran dan potong menjadi jalur.
2. Kupas bawang dan potong kiub halus. Kukus bawang besar dan bawang dalam mentega sehingga lut sinar. Masukkan ham yang dipotong menjadi jalur kecil atau kiub ke bawang.
3. Bersihkan chanterelles dan potong kecil mengikut keperluan. Siram dengan sedikit jus lemon dan masukkan ke dalam ham. Perasakan dengan garam, lada sulah dan buah pala dan terus goreng.
4. Pada penghujung masa memasak, perasakan sekali lagi, masukkan pasli dan sediakannya.
5. Untuk telur dadar, pukul telur dengan susu.
6. Bakar telur dadar dalam bahagian. Untuk melakukan ini, goreng sebentar campuran 2 telur setiap satu dalam mentega dan kemudian biarkan selama 1-2 minit dengan penutup ditutup.

7. Tutup dengan adunan chanterelle, pukul dan taburkan daun kucai dan bawa ke meja.

83. Telur dadar dengan udang

bahan-bahan

- 4 biji telur
- 1/2 batang daun bawang
- 1 tandan daun kucai
- 250 g udang
- garam
- 1 sudu besar jus lemon
- 1 ulas (s) bawang putih
- lada

persiapan

1. Untuk telur dadar dengan udang, potong daun bawang kepada kepingan kecil.
2. Pukul telur, masukkan daun bawang, garam dan lada sulah. Panaskan sedikit mentega dalam kuali dan masukkan adunan telur putar.
3. Biarkan ia mengeras selama kira-kira 3 minit, kemudian putar telur dadar sebentar dan biarkan ia masak.
4. Panaskan sedikit mentega dalam kuali yang berasingan.
5. Cincang bawang putih dan goreng sebentar bersama udang. Perasakan dengan jus lemon, garam dan lada sulah dan hidangkan telur dadar bersama udang.

84. Telur dadar berisi feta

- Penyediaan: 40 min
- hidangan 2

bahan-bahan

- 1 biji bawang merah
- 4 biji telur
- garam
- lada dari pengisar
- 4 sudu besar keju creme fraiche
- 2 sudu kecil mustard
- 2 sudu kecil jus lemon
- 2 sudu besar selasih yang dicincang halus
- 2 sudu besar mentega

- 100 g
- feta
- selasih

Langkah penyediaan

6. Kupas dan cincang halus bawang merah. Asingkan telur. Pukul putih telur dengan secubit garam hingga kaku. Pukul kuning telur dengan 2 sudu besar creme fraiche, mustard, jus lemon dan basil yang dicincang halus. Perasakan dengan garam dan lada sulah, masukkan putih telur hingga rata.

7. Cairkan separuh daripada mentega dalam kuali tidak melekat. Masukkan separuh bawang merah dan tumis. Masukkan separuh adunan telur dadar dan masak selama 6-8 minit sehingga bahagian bawah berwarna perang keemasan dan permukaannya menjadi pekat sambil menutup kuali. Kemudian tarik kuali dari dapur.

8. Sapukan 1 sudu besar creme fraiche pada telur dadar dan tutup dengan separuh daripada feta hancur, perasakan dengan garam dan lada sulah dan lipat telur dadar dengan bantuan spatula.

9. Bakar telur dadar kedua dengan cara yang sama (mungkin dalam kuali kedua).
10. Letakkan telur dadar di atas pinggan dan hidangkan dihiasi dengan selasih.

85. Telur Dadar Dengan Buah-buahan

- penyediaan: sehingga 30 minit
- hidangan 2

bahan-bahan:

- 6 biji telur
- 1 sudu teh tepung gandum
- 0.5 cawan susu 2%
- garam
- sekumpulan kucai

BUAH-BUAHAN:

- 6 biji pisang
- 1 cawan beri biru

penyediaan:

3. Basuh pisang dan beri dan toskan dari air. Keluarkan hujung pisang, kupas, potong daging menjadi kepingan nipis dan letakkan di atas pinggan.

Sediakan omelet:

4. pecahkan telur ke dalam cawan, tuangkan susu ke dalamnya, masukkan tepung, secubit garam dan daun kucai yang dicincang halus. Gaul rata semua dengan garfu, kemudian tuang ke dalam kuali panas tanpa lemak dan goreng dengan api sederhana sehingga telur betul-betul set. Kemudian keluarkan dari api dan masukkan pisang di atas pinggan. Taburkan semuanya dengan blueberry.

86. Telur dadar spageti

bahan-bahan

- 5 biji telur
- 150 g spageti
- 30 g parmesan (parut baru)
- 30 g mentega
- 1 secubit buah pala (parut)
- garam laut
- Lada

Persediaan

1. Masak dan tapis spageti mengikut bungkusan mengikut keperluan.

2. Pukul telur dalam mangkuk. Masukkan parmesan dan perasakan dengan garam, lada sulah dan secubit buah pala.
3. Campurkan spageti yang telah dimasak dan kacau rata.
4. Goreng separuh daripada mentega dalam kuali dan goreng campuran pasta dalam api keemasan tanpa kacau.
5. Cairkan baki mentega di atas telur dadar. Balikkan telur dadar dan goreng sebelah lagi hingga garing.
6. Bahagian dan hidangkan panas.

87. Telur dadar herba

bahan-bahan

- 12 biji telur
- 12 sudu besar herba (pilihan anda, basuh, cincang halus)
- 6 sudu besar mentega
- 1 sudu besar tepung
- 1/8 l susu
- garam
- lada
- 2 sudu besar parmesan (atau keju keras lain secukup rasa)

Persediaan

1. Pertama, cairkan mentega dalam kuali untuk telur dadar herba dan perlahan-lahan rebus herba dengan api yang perlahan. Perhatian: Herba tidak boleh coklat sama sekali!
2. Sementara itu, kacau telur dengan garam, lada sulah, parmesan, tepung, dan susu ke dalam adunan pancake cair. Tuangkan dengan teliti ke atas herba, kacau rata. Apabila kerak padat telah terbentuk di bahagian bawah, putar doh dan bakar. (Masukkan sedikit mentega secukup rasa, supaya bahagian sebelah lagi menjadi rangup.)
3. Susun dan hidangkan telur dadar herba di atas pinggan.

88. Kebun telur dadar segar

bahan-bahan

- 1 ⅓ cawan tomato cincang kasar, toskan
- 1 cawan timun yang dicincang kasar
- Setengah alpukat masak, dibelah dua, dibiji, dikupas dan dicincang
- ½ cawan bawang merah yang dicincang kasar (1 sederhana)
- 1 ulas bawang putih, cincang
- Potong 2 sudu besar pasli segar
- 2 sudu besar cuka wain merah
- 1 sudu besar minyak zaitun
- 2 biji telur

- 1½ cawan produk telur sejuk atau beku, dicairkan
- ¼ cawan air
- 1 sudu besar oregano segar yang dihiris atau 1 sudu teh oregano kering, dihancurkan
- ¼ sudu teh garam
- ¼ sudu teh lada hitam yang dikisar
- ⅛ sudu teh lada merah yang ditumbuk
- ¼ cawan hancur, keju feta rendah lemak

Persediaan

1. Untuk salsa, kacau tomato, timun, alpukat, bawang merah, bawang putih, pasli, cuka dan 1 sudu teh minyak bersama-sama dalam mangkuk sederhana.
2. Pukul telur, produk telur, air, oregano, garam, dan lada hitam dalam mangkuk sederhana dan hancurkan lada merah. Untuk setiap telur dadar, panaskan 1/2 sudu teh baki minyak di atas api sederhana dalam kuali tidak melekat 8 inci. Kuali dengan 1/2 cawan adunan telur. Kacau telur dengan spatula sehingga adunan kelihatan seperti kepingan telur yang digoreng dikelilingi oleh cecair. Berhenti mengacau, tetapi teruskan masak sehingga anda menetapkan telur. 1/3 cawan sudu salsa pada sebelah adunan telur goreng.

Keluarkan telur dadar dari kuali; lipat lebihan. Ulang untuk membuat sejumlah empat telur dadar.

3. Hidangkan setiap telur dadar dengan satu perempat daripada sisa salsa. Taburkan pada 1 sudu besar keju feta dengan setiap telur dadar.

89. Roti bakar alpukat dan telur dadar

bahan

- 1 buah alpukat masak sederhana
- 2 sudu besar jus limau nipis, atau rasa
- 1-2 kucai segar dicincang halus
- 3/4 sudu kecil garam halal, atau rasa
- 3/4 sudu kecil lada hitam yang baru dikisar, rasa
- Roti gaya artisan dua keping (roti tebal lebih berkesan dan kadangkala dipanggil "toast Texas" atau "toast Perancis")
- 2 sudu besar mentega tanpa garam
- 2 biji telur besar
- Rasa garam dan lada hitam yang baru dikisar

Arah

1. Tambah alpukat, jus limau nipis, daun kucai, garam halal, lada hitam yang baru dikisar, tumbuk alpukat dengan garpu, dan campurkan dengan garpu dalam mangkuk sederhana; ketepikan.
2. Potong bulatan 2.5 hingga 3" dengan pemotong biskut atau kaca dari tengah setiap keping roti.
3. Lekatkan mentega dan masak dengan api sederhana sederhana untuk cair ke dalam kuali tidak melekat yang besar.
4. Pasang telur, bulat telur, dan masak pada bahagian pertama sehingga perang keemasan, kira-kira 1 hingga 2 minit.
5. Terbalikkan semuanya, pecahkan telur ke dalam setiap lubang roti, dan perasakan telur dengan garam dan lada sulah.
6. Tutup kuali, dan masak selama 3 hingga 6 minit sehingga telur diperlukan. Masak roti menjadi lebih cepat daripada telur (dalam masa 1 hingga 2 minit); keluarkan mereka dari kuali sebaik sahaja perang keemasan dan letakkan di atas pinggan. Letakkan telur dalam lubang dan letakkan di atas pinggan.

7. Sapukan adunan alpukat secara rata ke atas bulatan roti dan telur dan hidangkan segera. Resipi lebih sejuk dan segar lebih kuat.

90. Telur dadar Zucchini dengan herba

bahan-bahan

- 300 g kohlrabi kecil (1 kohlrabi kecil)
- 1 sudu besar cuka sari apel
- 1 sudu kecil minyak walnut
- 2 biji telur
- garam
- 125 g zucchini (0.5 zucchini)
- 1 batang dill
- 1 batang pasli
- 1 peta. thyme kering
- lada
- 100 g tomato ceri
- 2 sudu kecil minyak zaitun

- 15 g kacang pain (1 sudu besar)
- 10 g keju parmesan yang ditapis (1 sudu besar; 30% lemak dalam bahan kering)

Langkah penyediaan

1. Bersihkan, basuh, kupas kohlrabi, potong menjadi kepingan yang sangat halus, gaul dan ketepikan dengan cuka dan minyak walnut.
2. Sementara itu, pukul, garam dan pukul telur dalam mangkuk. Bersihkan zucchini, basuh dan potong ke dalam kepingan nipis. Basuh pasli dan dill, dan goncang kering. Potong pasli dan separuh dill, sapukan thyme dan lada pada telur dan perasakan.
3. Basuh tomato dengan ceri. Panaskan satu sudu teh minyak dalam periuk. Masukkan tomato ceri, dan bakar dengan api sederhana selama 4 minit. Angkat, dan ketepikan dari kuali.
4. Masukkan hirisan zucchini ke dalam kuali, dan tumis dengan api sederhana selama 4 minit. Tuangkan campuran telur dan biarkan sejuk selama 4-5 minit.
5. Lipat telur dadar, letakkan kohlrabi beralun yang telah diperap di atas pinggan dan gantungkan di sebelahnya. Masukkan tomato

dan taburkan di atas telur dadar dengan kacang pain, parmesan dan baki dill.

91. Roti bijirin penuh dengan telur dadar dan kacang panggang

bahan-bahan

- 400 g kacang panggang (tin)
- 3 batang pasli
- 6 biji telur
- garam
- lada
- 2 sudu besar mentega
- 200 g timun

- tomato ke-4
- 4 keping roti bijirin penuh

Langkah penyediaan

1. Masukkan kacang panggang ke dalam periuk dan panaskan dengan api sederhana.
2. Sementara itu, basuh pasli, goncang kering, cincang halus dan pukul bersama telur, garam dan lada sulah.
3. Panaskan mentega dalam kuali bersalut. Masukkan telur dan biarkan masak dengan api sederhana.
4. Bersihkan, basuh dan potong timun menjadi kepingan nipis. Bersihkan, basuh dan potong tomato. Susun roti dengan kacang panggang, telur dadar, timun dan tomato.

92. Asparagus dan telur dadar ham dengan kentang dan pasli

bahan-bahan

- 200 g kentang baru
- garam
- 150 g asparagus putih
- 1 biji bawang
- 50 g bresaola (ham daging lembu Itali)
- 2 batang pasli
- 3 biji telur
- 1 sudu besar minyak biji sesawi
- lada

Langkah penyediaan

1. Basuh kentang dengan baik. Masak dalam air masin mendidih selama lebih kurang. 20 minit, toskan, dan biarkan sejuk. Semasa kentang masak, kupas asparagus, potong bahagian bawah berkayu. Masak asparagus dalam air masin selama kira-kira 15 minit, angkat dari air, toskan dengan baik dan biarkan sejuk. Kupas bawang dan potong halus.
2. Potong asparagus dan kentang menjadi kepingan kecil.
3. Potong bresaola menjadi jalur.
4. Basuh pasli, goncang kering, petik daun, dan potong. Pukul telur dalam mangkuk dan pukul dengan pasli cincang.
5. Panaskan minyak dalam kuali bersalut dan tumis kiub bawang hingga api sederhana tinggi hingga lut sinar.
6. Masukkan kentang dan teruskan panggang selama 2 minit.
7. Masukkan asparagus dan goreng selama 1 minit.
8. Masukkan bresaola dan perasakan semuanya dengan garam dan lada sulah.

9. Masukkan telur ke dalam kuali dan tutup dan reneh selama 5-6 minit dengan api perlahan. Jatuhkan dari kuali dan hidangkan segera.

93. Telur dadar keju kambing dengan arugula dan tomato

- Penyediaan: 15 minit

bahan-bahan

- 4 protein
- 2 biji telur
- 1 genggam kecil arugula
- 2 biji tomato
- 1 sudu kecil minyak zaitun
- garam
- lada
- 50 g keju kambing muda

Langkah penyediaan

1. Asingkan 4 biji telur dan masukkan putih telur ke dalam mangkuk (gunakan kuning telur di tempat lain). Masukkan baki 2 biji telur dan pukul semuanya dengan pukul.
2. Basuh roket, putar kering, dan potong kasar dengan pisau besar.
3. Basuh tomato, potong hujung batang dalam bentuk baji, dan potong tomato menjadi kepingan.
4. Panaskan kuali bersalut (24 cm) dan sapukan minyak.
5. Masukkan adunan telur yang telah dipukul tadi. Perasakan dengan garam dan lada sulah.
6. Bakar sedikit dengan api sederhana (telur sepatutnya masih cair sedikit) dan putar guna pinggan.
7. Hancurkan keju kambing di atas telur dadar dengan jari anda. Letakkan telur dadar di atas pinggan, atas dengan hirisan tomato dan taburkan roket. Roti bakar bijirin penuh sesuai dengan ini.

94. Telur dadar keju dengan herba

- Penyediaan: 5 min
- memasak dalam 20 min

bahan-bahan
- 3 batang chervil
- 3 batang selasih
- 20 g parmesan
- 1 biji bawang merah
- 8 biji telur
- 2 sudu besar keju creme fraiche
- 1 sudu besar mentega
- 150 g keju biri-biri
- garam
- lada

Langkah penyediaan

1. Basuh chervil dan basil, goncang kering dan cincang kasar. Parut parmesan. Kupas dan potong dadu bawang merah. Pukul telur dengan crème fraiche, parmesan, chervil dan separuh daripada basil.

2. Cairkan mentega dalam kuali kalis ketuhar, goreng bawang merah, tuangkan telur dan hancurkan keju feta. Bakar dalam ketuhar yang telah dipanaskan pada 200 ° C (konveksi 180 ° C, gas: tahap 3) selama kira-kira 10 minit sehingga keemasan.

3. Keluarkan dari ketuhar, perasakan dengan garam dan lada, taburkan dengan baki selasih dan nikmati.

95. Telur dadar tuna

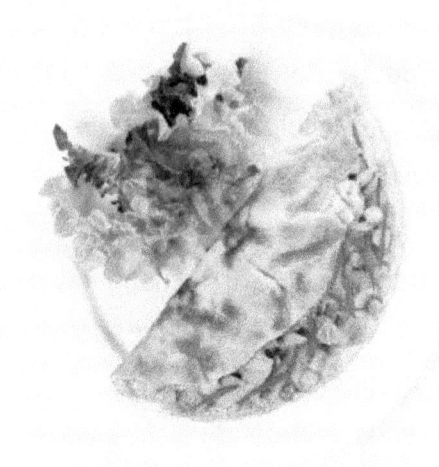

bahan-bahan
- 1 sudu susu
- 0.5 tin (s) tuna
- 0.5 bawang besar (kecil)
- sedikit selasih
- sedikit oregano
- sedikit garam

persiapan
1. Pukul telur dengan sedikit susu untuk telur dadar tuna dan perasakan dengan garam dan lada sulah. Panaskan minyak dalam kuali dan masukkan adunan telur.

2. Biarkan ia ditetapkan selama beberapa minit. Kemudian sapukan tuna dan cincin bawang di atas. Akhir sekali taburkan sedikit selasih dan oregano di atasnya.

96. Telur dadar dengan meatloaf

bahan-bahan
- 3 sudu besar keju (parut)
- 1 keping (s) roti daging
- 1 biji bawang besar (kecil)
- garam
- daun kucai
- Minyak (untuk menggoreng)

persiapan
1. Untuk telur dadar dengan meatloaf, mula-mula pecahkan telur dan pukul. Seterusnya, potong daging ke dalam kepingan kecil. Akhir sekali, potong bawang menjadi jalur halus.

2. Panaskan minyak dalam kuali dan goreng daging. Tuangkan telur ke atasnya dan biarkan ia mengeras sedikit. Taburkan keju parut, letakkan pada jalur bawang dan selesai menggoreng.
3. Perasakan dengan garam dan lada sulah dan taburkan daun kucai.

97. Telur dadar yang sihat

bahan-bahan
- 4 biji telur
- 1 biji tomato
- 1 biji bawang besar (kecil)
- 1 ulas bawang putih (kecil)
- Herba (segar, selasih atau kucai)
- Rempah paprika
- garam
- Lada (kilang iklan)

persiapan
1. Campurkan telur dalam mangkuk dan masukkan herba cincang, sedikit paprika, garam dan lada sulah untuk telur dadar.
2. Potong tomato dan bawang besar. Sekarang goreng bawang dengan minyak atau mentega sehingga ia lut sinar. Kemudian masukkan tomato dan bawang putih dan terus goreng sekejap.
3. Kemudian masukkan kandungan kuali ke dalam telur dalam mangkuk dan campurkan semuanya. Goreng separuh dengan api sederhana untuk membuat telur dadar.
4. Apabila telur dadar digoreng sebelah (dan dipusingkan), anda boleh taburkan sedikit keju di atasnya jika suka dan kemudian lipat telur dadar.
5. Kemudian lakukan perkara yang sama dengan seluruh jisim. Akhir sekali, susun dan hidangkan telur dadar.

98. Telur dadar pizza

bahan-bahan

Untuk omelet:
- 3 biji telur (organik, m)
- 1 tembakan air mineral
- 1 sudu susu (organik)
- 1/2 sudu teh garam
- Lada (dari kilang)
- 1 sudu teh mentega (organik)

Untuk perlindungan:
- 1 biji tomato (organik)
- 50 g feta (organik)
- 1/2 mozzarella (organik)
- selasih
- Herba (sesuka hati)

persiapan
1. Potong tomato dan mozzarella ke dalam kepingan, hancurkan sedikit feta, potong kasar kemangi menjadi jalur. Cincang herba segar. Pukul semua bahan untuk telur dadar.
2. Panaskan mentega dalam kuali yang lebih kecil, tuangkan adunan telur dan biarkan ia mengeras. Apabila adunan telur telah mengeras, balikkan dengan teliti dan goreng sebentar di sebelah lagi.
3. Panaskan ketuhar hingga lebih kurang. 200 ° C haba atas/bawah. Letakkan telur dadar yang telah siap di atas loyang yang dialas dengan kertas pembakar.
4. Letakkan telur dadar dengan baki bahan dan bakar selama kira-kira 10 minit sehingga keju cair.
5. Susun dan hidangkan pizza omelet.

99. Telur dadar epal dan bacon

- Masa memasak 5 hingga 15 minit
- Hidangan: 2

bahan-bahan
- 6 biji telur
- 70 ml krim putar
- garam
- cili api
- 1 sudu kecil kucai
- 1 epal
- 150 g bacon

persiapan
1. Untuk telur dadar epal dan bacon, goreng bacon yang dihiris dalam kuali, kemudian keluarkan dari kuali dan ketepikan.
2. Keluarkan inti dari epal dan potong cincin lebih kurang. 4 mm tebal. Juga goreng dalam kuali.
3. Campurkan telur dengan krim putar dan rempah di antaranya. Masukkan semula epal dan bacon ke dalam kuali, tuangkan adunan telur ke atasnya dan biarkan mendidih dengan api sederhana dengan penutup tertutup.
4. Perasakan dengan lada parut yang baru.

100. Telur dadar vegan

- Masa memasak 5 hingga 15 min
- Hidangan: 2

bahan-bahan
- 1 biji bawang
- 400 g tauhu
- Sayur-sayuran (secukup rasa)

persiapan
1. Untuk telur dadar vegan, potong bawang menjadi kepingan kecil dan goreng dalam minyak. Goreng sayur-sayuran (tomato, lada, cendawan, dll.).
2. Haluskan tauhu dengan sedikit kicap atau air, garam, lada sulah atau kunyit. Lipat dalam

tauhu puri, goreng dan hidangkan telur dadar vegan dengan pucuk segar.

KESIMPULAN

Ingat bahawa resipi ini adalah satu-satunya, jadi bersedia untuk mencuba beberapa perkara baharu. Juga, perlu diingat bahawa gaya memasak yang digunakan dalam buku masakan ini adalah mudah. Jadi, walaupun resipi itu unik dan lazat, ia akan mudah dibuat!

www.ingramcontent.com/pod-product-compliance
Ingram Content Group UK Ltd.
Pitfield, Milton Keynes, MK11 3LW, UK
UKHW031951131224
452403UK00010B/677